La deshumanización del arte
e Ideas sobre la novela
y otros ensayos

José Ortega y Gasset

La deshumanización del arte e Ideas sobre la novela y otros ensayos

Alianza editorial
El libro de bolsillo

Diseño de colección: Estudio de Manuel Estrada con la colaboración de Roberto Turégano y Lynda Bozarth
Diseño de cubierta: Manuel Estrada
Fotografía de Lucía M. Diz

© *La deshumanización del arte e Ideas sobre la novela* (1925). Herederos de José Ortega y Gasset.
© *Ensayo de estética a manera de prólogo* (1914). Herederos de José Ortega y Gasset.
© *[El novecentismo]* (1916). Herederos de José Ortega y Gasset.
© *Divagación ante el retrato de la marquesa de Santillana* (1918). Herederos de José Ortega y Gasset.
© *Estafeta romántica.–Eva ausente* (1918). Herederos de José Ortega y Gasset.
© *[Prólogo al catálogo de la Exposición Bacarisas]* (1921). Herederos de José Ortega y Gasset.
© *Brindis en un banquete en su honor en «Pombo»* (1922). Herederos de José Ortega y Gasset.
© *Diálogo sobre el arte nuevo* (1924). Herederos de José Ortega y Gasset.
© *[Sobre la crítica de arte]* (1925). Herederos de José Ortega y Gasset.
© *[La verdad no es sencilla]* (1926). Herederos de José Ortega y Gasset.
© Alianza Editorial, S. A., Madrid, 2019
  Calle Juan Ignacio Luca de Tena, 15;
  28027 Madrid
  www.alianzaeditorial.es

ISBN: 978-84-9181-345-3
Depósito legal: M. 33.532-2018
Printed in Spain

Si quiere recibir información periódica sobre las novedades de Alianza Editorial, envíe un correo electrónico a la dirección: alianzaeditorial@anaya.es

Índice

Nota preliminar

En un momento clave para la vanguardia estética europea es publicado en 1925 *La deshumanización del arte e ideas sobre la novela*. El cambio de lo que el filósofo madrileño llama el «arte nuevo» será importante para comprender la «música nueva, la nueva pintura, la nueva poesía, el nuevo teatro». Con estas disquisiciones Ortega intenta aproximarse a los recientes fenómenos estéticos interpretando sus categorías. Desgrana las características del objeto artístico y luego realiza una descripción fenomenológica. Ortega ya no pide un arte humano –capaz de expresar el sentimiento– ahora sugiere la valoración de una estética inteligente que permita destacar mejor la realidad. Quizás este arte sea capaz de representar los vaivenes de una civilización en medio de una crisis latente y poderosa. El título, un ejemplo de la maestría orteguiana en la elaboración de los mismos, es un acercamiento a su teoría estética, aquella que –como muchas otras columnas de su pensamiento– se encontraba en permanente desarrollo.

El libro de Ortega no fue comprendido en un inicio. Quizás porque la aplicación del método de la razón histórica no era suficientemente explícito o tal vez porque su estudio se encontraba en progreso. Azucena López Cobo ya ha descubierto anticipaciones a *La deshumanización del arte e Ideas sobre la novela* en torno al ideario de su «arte nuevo». Lo cierto es que las ideas esbozadas en este texto teorizaron sobre aquello que los escritores vanguardistas ya experimentaban. De alguna manera Ortega ofrece un soporte crítico a una vanguardia necesitada del mismo.

«La deshumanización del arte» empieza a publicarse en *El Sol* a inicios de 1924. Es el embrión de lo que luego Ortega completaría para su publicación definitiva en la *Revista de Occidente* con fecha de 1925. Allí ya incluirá «Ideas sobre la novela» y «El arte en presente y pretérito», dos piezas que fueron inicialmente publicadas como folletones en el mismo diario. Estos últimos no sufren apenas modificaciones o extensiones. «Ideas sobre la novela» se publica entre diciembre de 1924 y marzo de 1925 y la última entrega se hizo en *La Nación* de Buenos Aires. «El arte en presente y pretérito» se imprime en dos entregas, un día después de otro, en junio de 1925 en *El Sol* madrileño.

Intentando complementar la lectura de esta edición de autor, añadimos otros trabajos cuyos vínculos con *La deshumanización del arte e ideas sobre la novela* son sugerentes. Hemos querido aproximarnos desde otras lecturas del corpus orteguiano. Aquella valiosa edición que

Paulino Garagorri publicó en 1981 estuvo centrada sobre todo en *La deshumanización del arte* y tuvo también otros textos acompañantes. Nosotros hemos seguido la edición de 1925, actualizada según los últimos estudios bibliográficos y la edición de las nuevas *Obras completas*. Los artículos que asisten a esta edición son un hilo invisible que atraviesa la estética orteguiana desde el inicio y hasta 1926. Si en sus primeros escritos Ortega pedía un tipo de arte capaz de emocionar e inscrito en su circunstancia, la segunda época es mucho más descriptiva y analítica. Lejos de un normativismo inicial Ortega empezará a desarrollar una teoría estética que parte también de su estimativa y que tiene componentes fenomenológicos. Los textos complementarios son: «Ensayo de estética a manera de prólogo», publicado como un apunte previo al libro de poesías *El pasajero* de José Moreno Villa en la editorial Renacimiento en Madrid en 1914. «[El novecentismo]» fue la conferencia que Ortega pronunció en Buenos Aires el 15 de noviembre de 1916. Se realizó a beneficio de la revista *Nosotros* y fue publicado de manera póstuma en Madrid por Paulino Garagorri en *Meditación del pueblo joven y otros ensayos*[1]. Debido a la «Exposición retrospectiva de retratos femeninos» españoles que la Sociedad de Amigos del Arte presentó entre mayo y junio de 1918 Ortega publicó sendos artículos en *El Sol:* «Estafeta romántica.– Eva ausente II. Divagación ante el cuadro de la marquesa de Santillana» y «Divagación ante el retrato de la marquesa de Santillana». De

1. *Meditación del pueblo joven y otros ensayos sobre América*, Madrid, Revista de Occidente en Alianza Editorial, 1981, pp. 11-24.

1921 data el «[Prólogo al catálogo de la exposición Bacarisas]», escrito para una exposición antológica del artista Gustavo Bacarisas (1873-1971). En 1922 Ortega recibió un homenaje en el café «Pombo», donde se reunía la tertulia de Ramón Gómez de la Serna, allí pronunció unas palabras que luego se publicaron en el libro *La sagrada cripta de Pombo*. «Diálogo sobre el arte nuevo» es una conversación imaginaria entre Azorín y Baroja inicialmente publicado en *El Sol* en 1924. «[Sobre la crítica de arte]» es el ofrecimiento de un banquete pronunciado por Ortega el 13 de junio de 1925 con motivo del agasajo de Juan de la Encina en el Hotel Gran Vía de Madrid. Este texto se transcribió primero en *El Sol* el 14 de junio y luego fue publicado en un folleto de la Sociedad de Artistas Ibéricos. Por último, «[La verdad no es sencilla]» es una intervención de Ortega con motivo de la clausura de la exposición «Arte Catalán Moderno» en enero de 1926 y fue publicada por Paulino Garagorri en 1976 en la Revista de Occidente.

* * *

Los volúmenes de esta «Biblioteca de autor José Ortega y Gasset» presentan un texto nacido del trabajo filosófico, filológico e historiográfico del equipo del Centro de Estudios Orteguianos de la Fundación José Ortega y Gasset – Gregorio Marañón. La investigación se ha desarrollado durante más de una década y ha permitido depurar malas lecturas y erratas de ediciones anteriores, al tiempo que se han descubierto numerosos textos desconocidos, algunos de los cuales no se habían vuelto a publicar desde su primera edición y otros eran inéditos; en ambos casos, enriquecen esta «Biblioteca».

Se ofrece al lector el texto según la última versión que el autor publicó. En el caso de la obra editada de forma póstuma, se sigue el manuscrito más próximo a una versión definitiva. El exhaustivo análisis de los testimonios conservados en el archivo del filósofo ha permitido una fijación textual que en numerosos casos difiere de las ediciones anteriores. Se ha respetado esencialmente la puntuación del propio Ortega, aunque se ha revisado en el caso de la obra póstuma. Se conservan los rasgos estilísticos del autor –como por ejemplo su reconocible «rigoroso» frente al más común «riguroso»–, los resaltes expresivos y particularidades morfosintácticas de su uso lingüístico (mayúsculas para remarcar un concepto, concordancias *ad sensum,* leísmos, laísmos), así como las distintas grafías en nombres de personas y lugares.

En la medida de lo posible, se evita la intervención de los editores en el texto, de modo que se mantiene la versión original incluso cuando se ha detectado algún lapsus –generalmente de precisión de una fuente al citar el autor de memoria. No se pretende dar un texto perfeccionado sino aquel que Ortega entregó a las prensas o en el que trabajaba para su publicación si nos referimos a la obra que dejó inédita. Los añadidos de los editores van siempre entre corchetes, así como los títulos que no son originales del filósofo. Las notas al pie de los editores se indican con *.

En la edición de los textos del presente volumen han participado Carmen Asenjo Pinilla, Iván Caja Hernández-Ranera, Andrea Hormaechea Ocaña, Ángel Pérez Martínez y Javier Zamora Bonilla quienes agradecen el trabajo de investigación y fijación textual previo de sus compañeros Ignacio Blanco Alfonso, Cristina Blas Nistal, José Ramón Carriazo Ruiz, Isabel Ferreiro Lavedán, Iñaki Gabaráin Gaztelumendi, Patricia Giménez Eguíbar, Felipe González Alcázar, Alejandro de Haro Honrubia, Azucena López Cobo y Juan Padilla Moreno.

La deshumanización del arte
e Ideas sobre la novela

La deshumanización del arte

Non creda donna Berta e ser Martino...

Divina commedia.– Paradiso XIII

IMPOPULARIDAD DEL ARTE NUEVO

Entre las muchas ideas geniales, aunque mal desarrolladas, del genial francés Guyau, hay que contar su intento de estudiar el arte desde el punto de vista sociológico. Al pronto le ocurriría a uno pensar que parejo tema es estéril. Tomar el arte por el lado de sus efectos sociales, se parece mucho a tomar el rábano por las hojas o a estudiar al hombre por su sombra. Los efectos sociales del arte son, a primera vista, cosa tan extrínseca, tan remota de la esencia estética que no se ve bien cómo, partiendo de ellos, se puede penetrar en la intimidad de los estilos. Guyau, ciertamente, no extrajo de su genial intento el mejor jugo. La brevedad de su vida, y aquella su trágica prisa hacia la muerte impidieron que serenase sus inspiraciones y, dejando a un lado todo lo que es obvio y primerizo, pudiese insistir en lo más sustancial y recóndito.

Puede decirse que de su libro *El arte desde el punto de vista sociológico* sólo existe el título; el resto está aún por escribir.

La fecundidad de una sociología del arte me fue revelada inesperadamente cuando hace unos años me ocurrió un día escribir algo sobre la nueva época musical, que empieza con Debussy[1]. Yo me proponía definir con la mayor claridad posible la diferencia de estilo entre la nueva música y la tradicional. El problema era rigorosamente estético, y, sin embargo, me encontré con que el camino más corto hasta él partía de un fenómeno sociológico: la impopularidad de la nueva música.

Hoy quisiera hablar más en general y referirme a todas las artes que aún tienen en Europa algún vigor; por tanto, junto a la música nueva, la nueva pintura, la nueva poesía, el nuevo teatro. Es, en verdad, sorprendente y misteriosa la compacta solidaridad consigo misma que cada época histórica mantiene en todas sus manifestaciones. Una inspiración idéntica, un mismo estilo biológico pulsa en las artes más diversas. Sin darse de ello cuenta, el músico joven aspira a realizar con sonidos exactamente los mismos valores estéticos que el pintor, el poeta y el dramaturgo, sus contemporáneos. Y esta identidad de sentido artístico había de rendir, por fuerza, idéntica consecuencia sociológica. En efecto, a la impopularidad de la nueva música responde una impopularidad de igual cariz en las demás musas. Todo el arte joven es impopular, y no por caso y accidente, sino en virtud de un destino esencial.

1. Véase *Musicalia* en *El Espectador*, tomo III.

Se dirá que todo estilo recién llegado sufre una etapa de lazareto y se recordará la batalla de *Hernani* y los demás combates acaecidos en el advenimiento del romanticismo. Sin embargo, la impopularidad del arte nuevo es de muy distinta fisonomía. Conviene distinguir entre lo que no es popular y lo que es impopular. El estilo que innova tarda algún tiempo en conquistar la popularidad; no es popular, pero tampoco impopular. El ejemplo de la irrupción romántica que suele aducirse fue, como fenómeno sociológico, perfectamente inverso del que ahora ofrece el arte. El romanticismo conquistó muy pronto al «pueblo», para el cual el viejo arte clásico no había sido nunca cosa entrañable. El enemigo con quien el romanticismo tuvo que pelear fue precisamente una minoría selecta que se había quedado anquilosada en las formas arcaicas del «antiguo régimen» poético. Las obras románticas son las primeras –desde la invención de la imprenta– que han gozado de grandes tiradas. El romanticismo ha sido por excelencia el estilo popular. Primogénito de la democracia fue tratado con el mayor mimo por la masa.

En cambio, el arte nuevo tiene a la masa en contra suya, y la tendrá siempre. Es impopular por esencia: más aún, es antipopular. Una obra cualquiera por él engendrada produce en el público automáticamente un curioso efecto sociológico. Lo divide en dos porciones: una, mínima, formada por reducido número de personas que le son favorables; otra, mayoritaria, innumerable, que le es hostil. (Dejemos a un lado la fauna equívoca de los *snobs*). Actúa, pues, la obra de arte como un poder social que crea dos grupos antagónicos, que separa y selecciona en el montón informe de la muchedumbre dos castas diferentes de hombres.

¿Cuál es el principio diferenciador de estas dos castas? Toda obra de arte suscita divergencias: a unos les gusta, a otros, no; a unos les gusta menos, a otros, más. Esta disociación no tiene carácter orgánico, no obedece a un principio. El azar de nuestra índole individual nos colocará entre los unos o entre los otros. Pero en el caso del arte nuevo, la disyunción se produce en un plano más profundo que aquél en que se mueven las variedades del gusto individual. No se trata de que a la mayoría del público *no le guste* la obra joven y a la minoría sí. Lo que sucede es que la mayoría, la masa, *no la entiende*. Las viejas coletas que asistían a la representación de *Hernani* entendían muy bien el drama de Víctor Hugo, y precisamente porque lo entendían no les gustaba. Fieles a determinada sensibilidad estética sentían repugnancia por los nuevos valores artísticos que el romántico les proponía.

A mi juicio, lo característico del arte nuevo, «desde el punto de vista sociológico», es que divide al público en estas dos clases de hombres: los que lo entienden y los que no lo entienden. Esto implica que los unos poseen un órgano de comprensión negado, por tanto, a los otros; que son dos variedades distintas de la especie humana. El arte nuevo, por lo visto, no es para todo el mundo, como el romántico, sino que va desde luego dirigido a una minoría especialmente dotada. De aquí la irritación que despierta en la masa. Cuando a uno no le gusta una obra de arte, pero la ha comprendido, se siente superior a ella y no ha lugar a la irritación. Mas cuando el disgusto que la obra causa nace de que no se la ha entendido, queda el hombre como humillado, con una oscura conciencia de su inferioridad que necesita compensar mediante la indignada afirmación de sí mismo frente a la obra. El arte joven, con sólo presentarse, obliga al buen burgués a sentirse tal y como es: buen burgués, ente incapaz de sacramentos artísticos, ciego y sordo a toda belleza pura. Ahora bien, esto no puede hacerse impunemente después de cien años de halago omnímodo a la masa y apoteosis del «pueblo». Habituada a predominar en todo, la masa se siente ofendida en sus «derechos del hombre» por el arte nuevo, que es un arte de privilegio, de nobleza de nervios, de aristocracia instintiva. Dondequiera que las jóvenes musas se presentan, la masa las cocea.

Durante siglo y medio el «pueblo», la masa, ha pretendido ser toda la sociedad. La música de Strawinsky o el drama de Pirandello tienen la eficacia sociológica de obligarle a reconocerse como lo que es, como «sólo pueblo», mero ingrediente, entre otros, de la estructura social, inerte materia del proceso histórico, factor secundario del cosmos espiritual. Por otra parte, el arte joven contribuye también a que los «mejores» se conozcan y reconozcan entre el gris de la muchedumbre y aprendan su misión, que consiste en ser pocos y tener que combatir contra los muchos.

Se acerca el tiempo en que la sociedad, desde la política al arte, volverá a organizarse, según es debido, en dos órdenes o rangos: el de los hombres egregios y el de los hombres vulgares. Todo el malestar de Europa vendrá a desembocar y curarse en esa nueva y salvadora escisión. La unidad indiferenciada, caótica, informe, sin arquitectura anatómica, sin disciplina regente en que se ha vivido por espacio de ciento cincuenta años, no puede continuar. Bajo toda la vida contemporánea late una injusticia profunda e irritante; el falso supuesto de la igualdad real entre los hombres. Cada paso que damos entre ellos nos muestra tan evidentemente lo contrario que cada paso es un tropezón doloroso.

Si la cuestión se plantea en política, las pasiones suscitadas son tales que acaso no es aún buena hora para hacerse entender. Afortunadamente, la solidaridad del espíritu histórico a que antes aludía permite subrayar con toda claridad, serenamente, en el arte germinal de nuestra época los mismos síntomas y anuncios de reforma moral que en la política se presentan oscurecidos por las bajas pasiones.

Decía el evangelista: *Nolite fieri sicut equus et mulus quibus non est intellectus.* No seáis como el caballo y el mulo, que carecen de entendimiento. La masa cocea y no entiende. Intentemos nosotros hacer lo inverso. Extraigamos del arte joven su principio esencial, y entonces veremos en qué profundo sentido es impopular.

ARTE ARTÍSTICO

Si el arte nuevo no es inteligible para todo el mundo, quiere decirse que sus resortes no son los genéricamente humanos. No es un arte para los hombres en general, sino para una clase muy particular de hombres que podrán no valer más que los otros, pero que evidentemente son distintos.

Hay, ante todo, una cosa que conviene precisar. ¿A qué llama la mayoría de la gente goce estético? ¿Qué acontece en su ánimo cuando una obra de arte, por ejemplo, una producción teatral, le «gusta»? La respuesta no ofrece duda: a la gente le gusta un drama cuando ha conseguido interesarse en los destinos humanos que le son propuestos. Los amores, odios, penas, alegrías de los personajes conmueven su corazón: toma parte en ellos como si fuesen casos reales de la vida. Y dice que es «buena» la obra cuando ésta consigue producir la cantidad de ilusión necesaria para que los personajes imaginarios valgan como personas vivientes. En la lírica buscará amores y dolores del hombre que palpita bajo el poeta. En pintura sólo le atraerán los cuadros donde encuentre figuras de varones y hembras con quienes, en algún sentido, fuera interesante vivir. Un cuadro de paisaje le parecerá «bonito» cuando el paisaje real que representa merezca por su amenidad o patetismo ser visitado en una excursión.

Esto quiere decir que para la mayoría de la gente el goce estético no es una actitud espiritual diversa en esencia de la que habitualmente adopta en el resto de su vida. Sólo se distingue de ésta en calidades adjetivas: es, tal vez, menos utilitaria, más densa y sin consecuencias penosas. Pero, en definitiva, el objeto de que en el arte se ocupa, lo que sirve de término a su atención, y con ella a las demás potencias, es el mismo que en la existencia cotidiana: figuras y pasiones humanas. Y llamará arte al conjunto de medios por los cuales le es proporcionado ese contacto con cosas humanas interesantes. De tal suerte, que sólo tolerará las formas propiamente artísticas, las irrealidades, la fantasía, en la medida en que no intercepten su percepción de las formas y peripecias humanas. Tan pronto como estos elementos puramente estéticos dominen y no pueda agarrar bien la historia de Juan y María, el público queda despistado y no sabe qué hacer delante del escenario, del libro o del cuadro. Es natural; no conoce otra actitud ante los objetos que la práctica, la que nos lleva a apasionarnos y a intervenir sentimentalmente en ellos. Una obra que no le invite a esta intervención le deja sin papel.

Ahora bien; en este punto conviene que lleguemos a una perfecta claridad. Alegrarse o sufrir con los destinos humanos que, tal vez, la obra de arte nos refiere o presenta, es cosa muy diferente del verdadero goce artístico. Más aún: esa ocupación con lo humano de la obra es, en principio, incompatible con la estricta fruición estética.

Se trata de una cuestión de óptica sumamente sencilla. Para ver un objeto tenemos que acomodar de una cierta manera nuestro aparato ocular. Si nuestra acomodación visual es inadecuada, no veremos el objeto o lo veremos mal. Imagínese el lector que estamos mirando un jardín al través del vidrio de una ventana. Nuestros ojos se acomodarán de suerte que el rayo de la visión penetre el vidrio, sin detenerse en él, y vaya a prenderse en las flores y frondas. Como la meta de la visión es el jardín y hasta él va lanzado el rayo visual, no veremos el vidrio, pasará nuestra mirada a su través, sin percibirlo. Cuanto más puro sea el cristal menos lo veremos. Pero luego, haciendo un esfuerzo, podemos desentendernos del jardín y, retrayendo el rayo ocular, detenerlo en el vidrio. Entonces el jardín desaparece a nuestros ojos y de él sólo vemos unas masas de color confusas que parecen pegadas al cristal. Por tanto, ver el jardín y ver el vidrio de la ventana son dos operaciones incompatibles: la una excluye a la otra y requieren acomodaciones oculares diferentes.

Del mismo modo, quien en la obra de arte busca el conmoverse con los destinos de Juan y María o de Tristán e Iseo y a ellos acomoda su percepción espiritual, no verá la obra de arte. La desgracia de Tristán sólo es tal desgracia, y, consecuentemente, sólo podrá conmover en la medida en que se la tome como realidad. Pero es el caso que el objeto artístico sólo es artístico en la medida en que no es real. Para poder gozar del retrato ecuestre de Carlos V, por Tiziano, es condición ineludible que no veamos allí a Carlos V en persona, auténtico y viviente, sino que, en su lugar, hemos de ver sólo un retrato, una imagen irreal, una ficción. El retratado y su retrato son dos objetos completamente distintos: o nos interesamos por el uno o por el otro. En el primer caso, «convivimos» con Carlos V; en el segundo, «contemplamos» un objeto artístico como tal.

Pues bien: la mayoría de la gente es incapaz de acomodar su atención al vidrio y transparencia que es la obra de arte: en vez de esto, pasa al través de ella sin fijarse y va a revolcarse apasionadamente en la realidad humana que en la obra está aludida. Si se le invita a soltar esta presa y a detener la atención sobre la obra misma de arte, dirá que no ve en ella nada, porque, en efecto, no ve en ella cosas humanas, sino sólo transparencias artísticas, puras virtualidades.

Durante el siglo XIX los artistas han procedido demasiado impuramente. Reducían a un mínimum los elementos estrictamente estéticos y hacían consistir la obra, casi por entero, en la ficción de realidades humanas. En este sentido es preciso decir que, con uno u otro cariz, todo el arte normal de la pasada centuria ha sido realista. Realistas fueron Beethoven y Wagner. Realista Chateaubriand como Zola. Romanticismo y naturalismo, vistos desde la altura de hoy, se aproximan y descubren su común raíz realista.

Productos de esta naturaleza sólo parcialmente son obras de arte, objetos artísticos. Para gozar de ellos no hace falta ese poder de acomodación a lo virtual y transparente que constituye la sensibilidad artística. Basta con poseer sensibilidad humana, y dejar que en uno repercutan las angustias y alegrías del prójimo. Se comprende, pues, que el arte del siglo XIX haya sido tan popular: está hecho para la masa indiferenciada en la proporción en que no es arte, sino extracto de vida. Recuérdese que en todas las épocas que han tenido dos tipos diferentes de arte, uno para minorías y otro para la mayoría[1], este último fue siempre realista.

No discutamos ahora si es posible un arte puro. Tal vez no lo sea; pero las razones que nos conducen a esta negación son un poco largas y difíciles. Más vale, pues, dejar intacto el tema. Además, no importa mayormente para lo que ahora hablamos. Aunque sea imposible un arte puro, no hay duda alguna de que cabe una tendencia a la

---

1. Por ejemplo, en la Edad Media. Correspondiendo a la estructura binaria de la sociedad, dividida en dos capas: los nobles y los plebeyos, existió un arte noble que era «convencional», «idealista», esto es, artístico, y un arte popular que era realista y satírico.

purificación del arte. Esta tendencia llevará a una eliminación progresiva de los elementos humanos, demasiado humanos, que dominaban en la producción romántica y naturalista. Y en este proceso se llegará a un punto en que el contenido humano de la obra sea tan escaso que casi no se le vea. Entonces tendremos un objeto que sólo puede ser percibido por quien posea ese don peculiar de la sensibilidad artística. Será un arte para artistas, y no para la masa de los hombres; será un arte de casta, y no demótico.

He aquí por qué el arte nuevo divide al público en dos clases de individuos: los que lo entienden y los que no lo entienden; esto es, los artistas y los que no lo son. El arte nuevo es un arte artístico.

Yo no pretendo ahora ensalzar esta manera nueva de arte, y menos denigrar la usada en el último siglo. Me limito a filiarlas, como hace el zoólogo con dos faunas antagónicas. El arte nuevo es un hecho universal. Desde hace veinte años, los jóvenes más alerta de dos generaciones sucesivas –en París, en Berlín, en Londres, Nueva York, Roma, Madrid– se han encontrado sorprendidos por el hecho ineluctable de que el arte tradicional no les interesaba; más aún, les repugnaba. Con estos jóvenes cabe hacer una de dos cosas: o fusilarlos o esforzarse en comprenderlos. Yo he optado resueltamente por esta segunda operación. Y pronto he advertido que germina en ellos un nuevo sentido del arte, perfectamente claro, coherente y racional. Lejos de ser un capricho, significa su sentir el resultado inevitable y fecundo de toda la evolución artística anterior. Lo caprichoso, lo arbitrario y, en consecuencia, estéril, es resistirse a este nuevo estilo y obstinarse en la reclusión dentro de formas ya arcaicas, exhaustas y periclitadas. En arte, como en moral, no depende el deber de nuestro arbitrio; hay que aceptar el imperativo de trabajo que la época nos impone. Esta docilidad a la orden del tiempo es la única probabilidad de acertar que el individuo tiene. Aun así, tal vez no consiga nada; pero es mucho más seguro su fracaso si se obstina en componer una ópera wagneriana más o una novela naturalista.

En arte es nula toda repetición. Cada estilo que aparece en la historia puede engendrar cierto número de formas diferentes dentro de un tipo genérico. Pero llega un día en que la magnífica cantera se agota. Esto ha pasado, por ejemplo, con la novela y el teatro romántico-naturalista. Es un error ingenuo creer que la esterilidad actual de ambos géneros se debe a la ausencia de talentos personales. Lo que acontece es que se han agotado las combinaciones posibles dentro de ellos. Por esta razón, debe juzgarse venturoso que coincida con este agotamiento la emergencia de una nueva sensibilidad capaz de denunciar nuevas canteras intactas.

Si se analiza el nuevo estilo, se hallan en él ciertas tendencias sumamente conexas entre sí. Tiende: 1.°, a la deshumanización del arte; 2.°, a evitar las formas vivas; 3.°, a hacer que la obra de arte no sea sino obra de arte; 4.°, a considerar el arte como juego, y nada más; 5.°, a una esencial ironía; 6.°, a eludir toda falsedad, y, por tanto, a una escrupulosa realización. En fin, 7.°, el arte, según los artistas jóvenes, es una cosa sin trascendencia alguna.

Dibujemos brevemente cada una de estas facciones del arte nuevo.

UNAS GOTAS DE FENOMENOLOGÍA

Un hombre ilustre agoniza. Su mujer está junto al lecho. Un médico cuenta las pulsaciones del moribundo. En el fondo de la habitación hay otras dos personas: un periodista, que asiste a la escena obitual por razón de su oficio, y un pintor que el azar ha conducido allí. Esposa, médico, periodista y pintor presencian un mismo hecho. Sin embargo, este único y mismo hecho –la agonía de un hombre– se ofrece a cada uno de ellos con aspecto distinto. Tan distintos son estos aspectos, que apenas si tienen un núcleo común. La diferencia entre lo que es para la mujer transida de dolor y para el pintor que, impasible, mira la escena, es tanta, que casi fuera más exacto decir: la esposa y el pintor presencian dos hechos completamente distintos.

Resulta, pues, que una misma realidad se quiebra en muchas realidades divergentes cuando es mirada desde puntos de vista distintos. Y nos ocurre preguntarnos: ¿cuál de esas múltiples realidades es la verdadera, la auténtica? Cualquiera decisión que tomemos será arbitraria. Nuestra preferencia por una u otra sólo puede fundarse en el capricho. Todas esas realidades son equivalentes, cada una la auténtica para su congruo punto de vista. Lo único que podemos hacer es clasificar estos puntos de vista y elegir entre ellos el que prácticamente parezca más normal o más espontáneo. Así llegaremos a una noción nada absoluta, pero, al menos, práctica y normativa de realidad.

El medio más claro de diferenciar los puntos de vista de esas cuatro personas que asisten a la escena mortal consiste en medir una de sus dimensiones: la distancia espiritual a que cada uno se halla del hecho común, de la agonía. En la mujer del moribundo esta distancia es mínima, tanto, que casi no existe. El suceso lamentable atormenta de tal modo su corazón, ocupa tanta porción de su alma que se funde con su persona, o dicho en giro inverso: la mujer interviene en la escena, es un trozo de ella. Para que podamos ver algo, para que un hecho se convierta en objeto que contemplamos, es menester separarlo de nosotros y que deje de formar parte viva de nuestro ser. La mujer, pues, no asiste a la escena, sino que está dentro de ella; no la contempla, sino que la vive.

El médico se encuentra ya un poco más alejado. Para él se trata de un caso profesional. No interviene en el hecho con la apasionada y cegadora angustia que inunda el alma de la pobre mujer. Sin embargo, su oficio le obliga a interesarse seriamente en lo que ocurre: lleva en ello alguna responsabilidad y acaso peligra su prestigio. Por tanto, aunque menos íntegra e íntimamente que la esposa, toma también parte en el hecho, la escena se apodera de él, le arrastra a su dramático interior prendiéndole, ya que no por su corazón, por el fragmento profesional de su persona. También él vive el triste acontecimiento aunque con emociones que no parten de su centro cordial, sino de su periferia profesional.

Al situarnos ahora en el punto de vista del reportero, advertimos que nos hemos alejado enormemente de aquella dolorosa realidad. Tanto nos hemos alejado, que hemos perdido con el hecho todo contacto sentimental. El periodista está allí como el médico, obligado por su profesión, no por espontáneo y humano impulso. Pero mientras la profesión del médico le obliga a intervenir en el suceso, la del periodista le obliga precisamente a no intervenir: debe limitarse a ver. Para él propiamente es el hecho pura escena, mero espectáculo que luego ha de relatar en las columnas del periódico. No participa sentimentalmente en lo que allí acaece, se halla espiritualmente exento y fuera del suceso; no lo vive, sino que lo contempla. Sin embargo, lo contempla con la preocupación de tener que referirlo luego a sus lectores. Quisiera interesar a éstos, conmoverlos, y, si fuese posible, conseguir que todos los suscriptores derramen lágrimas, como si fuesen transitorios parientes del moribundo. En la escuela había leído la receta de Horacio: *Si vis me flere, dolendum est primum ipsi tibi.*

Dócil a Horacio, el periodista procura fingir emoción para alimentar con ella luego su literatura. Y resulta que, aunque no «vive» la escena, «finge» vivirla.

Por último, el pintor, indiferente, no hace otra cosa que poner los ojos en *coulisse.* Le trae sin cuidado cuanto pasa allí; está, como suele decirse, a cien mil leguas del suceso. Su actitud es puramente contemplativa, y aun cabe decir que no lo contempla en su integridad; el doloroso sentido interno del hecho queda fuera de su percepción. Sólo atiende a lo exterior, a las luces y las sombras, a los valores cromáticos. En el pintor hemos llegado al máximum de distancia y al mínimum de intervención sentimental.

La pesadumbre inevitable de este análisis quedaría compensada si nos permitiese hablar con claridad de una escala de distancias espirituales entre la realidad y nosotros. En esa escala los grados de proximidad equivalen a grados de participación sentimental en los hechos; los grados de alejamiento, por el contrario, significan grados de liberación en que objetivamos el suceso real, convirtiéndolo en puro tema de contemplación. Situados en uno de los extremos, nos encontramos con un aspecto del mundo –personas, cosas, situaciones–, que es la realidad «vivida»; desde el otro extremo, en cambio, vemos todo en su aspecto de realidad «contemplada».

Al llegar aquí tenemos que hacer una advertencia esencial para la estética, sin la cual no es fácil penetrar en la fisiología del arte, lo mismo viejo que nuevo. Entre esos diversos aspectos de la realidad que corresponden a los varios puntos de vista, hay uno de que derivan todos los demás y en todos los demás va supuesto. Es el de la realidad vivida. Si no hubiese alguien que viviese en pura entrega y frenesí la agonía de un hombre, el médico no se preocuparía por ella, los lectores no entenderían los gestos patéticos del periodista que describe el suceso y el cuadro en que el pintor representa un hombre en el lecho rodeado de figuras dolientes nos sería ininteligible. Lo mismo podríamos decir de cualquier otro objeto, sea persona o cosa. La forma primigenia de una manzana es la que ésta posee cuando nos disponemos a comérnosla. En todas las demás formas posibles que adopte –por ejemplo, la que un artista de 1600 le ha dado, combinándola en un barroco ornamento, la que presenta en un bodegón de Cézanne o en la metáfora elemental que hace de ella una mejilla de moza– conservan más o menos aquel aspecto originario. Un cuadro, una poesía donde no quedase resto alguno de las formas vividas, serían ininteligibles, es decir, no serían nada, como nada sería un discurso donde a cada palabra se le hubiese extirpado su significación habitual.

Quiere decir esto que en la escala de las realidades corresponde a la realidad vivida una peculiar primacía que nos obliga a considerarla como «la» realidad por excelencia. En vez de realidad vivida, podíamos decir realidad humana. El pintor que presencia impasible la escena de agonía parece «inhumano». Digamos, pues, que el punto de vista humano es aquél en que «vivimos» las situaciones, las personas, las cosas. Y, viceversa, son humanas todas las realidades –mujer, paisaje, peripecia– cuando ofrecen el aspecto bajo el cual suelen ser vividas.

Un ejemplo, cuya importancia advertirá el lector más adelante: entre las realidades que integran el mundo se hallan nuestras ideas. Las usamos «humanamente» cuando con ellas pensamos las cosas, es decir, que al pensar en Napoleón, lo normal es que atendamos exclusivamente al grande hombre así llamado. En cambio, el psicólogo, adoptando un punto de vista anormal, «inhumano», se desentiende de Napoleón y, mirando a su propio interior, procura analizar su idea de Napoleón como tal idea. Se trata, pues, de una perspectiva opuesta a la que usamos en la vida espontánea. En vez de ser la idea instrumento con que pensamos un objeto, la hacemos a ella objeto y término de nuestro pensamiento. Ya veremos el uso inesperado que el arte nuevo hace de esta inversión inhumana.

COMIENZA LA DESHUMANIZACIÓN DEL ARTE

Con rapidez vertiginosa el arte joven se ha disociado en una muchedumbre de direcciones e intentos divergentes. Nada es más fácil que subrayar las diferencias entre unas producciones y otras. Pero esta acentuación de lo diferencial y específico resultará vacía si antes no se determina el fondo común que variamente, a veces contradictoriamente, en todas se afirma. Ya enseñaba nuestro buen viejo Aristóteles que las cosas diferentes se diferencian en lo que se asemejan, es decir, en cierto carácter común. Porque los cuerpos tienen todos color, advertimos que los unos tienen color diferente de los otros. Las especies son precisamente especificaciones de un género, y sólo las entendemos cuando las vemos modular en formas diversas su común patrimonio.

Las direcciones particulares del arte joven me interesan mediocremente, y salvando algunas excepciones, me interesa todavía menos cada obra en singular. Pero a su vez, esta valoración mía de los nuevos productos artísticos no debe interesar a nadie. Los escritores que reducen su inspiración a expresar su estima o desestima por las obras de arte no debían escribir. No sirven para este arduo menester. Como *Clarín* decía de unos torpes dramaturgos, fuera mejor que dedicasen su esfuerzo a otras faenas; por ejemplo, a fundar una familia. ¿Que la tienen? Pues que funden otra.

Lo importante es que existe en el mundo el hecho indubitable de una nueva sensibilidad estética[1]. Frente a la pluralidad de direcciones especiales y de obras individuales, esa sensibilidad representa lo genérico y como el

1. Esta nueva sensibilidad no se da sólo en los creadores de arte, sino también en gente que es sólo público. Cuando he dicho que el arte nuevo es un arte para artistas, entendía por tales, no sólo los que producen este arte, sino los que tienen la capacidad de percibir valores puramente artísticos.

manantial de aquéllas. Esto es lo que parece de algún interés definir.

Y buscando la nota más genérica y característica de la nueva producción encuentro la tendencia a deshumanizar el arte. El párrafo anterior proporciona a esta fórmula cierta precisión.

Si al comparar un cuadro a la manera nueva con otro de 1860 seguimos el orden más sencillo, empezaremos por confrontar los objetos que en uno y otro están representados, tal vez un hombre, una casa, una montaña. Pronto se advierte que el artista de 1860 se ha propuesto ante todo que los objetos en su cuadro tengan el mismo aire y aspecto que tienen fuera de él, cuando forman parte de la realidad vivida o humana. Es posible que, además de esto, el artista de 1860 se proponga muchas otras complicaciones estéticas; pero lo importante es notar que ha comenzado por asegurar ese parecido. Hombre, casa y montaña son, al punto, reconocidos: son nuestros viejos amigos habituales. Por el contrario, en el cuadro reciente nos cuesta trabajo reconocerlos. El espectador piensa que tal vez el pintor no ha sabido conseguir el parecido. Mas también el cuadro de 1860 puede estar «mal pintado», es decir, que entre los objetos del cuadro y esos mismos objetos fuera de él, exista una gran distancia, una importante divergencia. Sin embargo, cualquiera que sea la distancia, los errores del artista tradicional señalan hacia el objeto «humano», son caídas en el camino hacia él y equivalen al «Esto es un gallo» con que el Orbaneja cervantino orientaba a su público. En el cuadro reciente acaece todo lo contrario: no es que el pintor yerre, y que sus desviaciones del «natural» (natural = humano) no alcancen a éste, es que señalan hacia un camino opuesto al que puede conducirnos hasta el objeto humano.

Lejos de ir el pintor más o menos torpemente hacia la realidad, se ve que ha ido contra ella. Se ha propuesto denodadamente deformarla, romper su aspecto humano, deshumanizarla. Con las cosas representadas en el cuadro tradicional podríamos ilusoriamente convivir. De la Gioconda se han enamorado muchos ingleses. Con las cosas representadas en el cuadro nuevo es imposible la convivencia: al extirparles su aspecto de realidad vivida, el pintor ha cortado el puente y quemado las naves que podían transportarnos a nuestro mundo habitual. Nos deja encerrados en un universo abstruso, nos fuerza a tratar con objetos con los que no cabe tratar humanamente. Tenemos, pues, que improvisar otra forma de trato por completo distinto del usual vivir las cosas; hemos de crear e inventar actos inéditos que sean adecuados a aquellas figuras insólitas. Esta nueva vida, esta vida inventada previa anulación de la espontánea, es precisamente la comprensión y el goce artísticos. No faltan en ella sentimientos y pasiones, pero evidentemente estas pasiones y sentimientos pertenecen a una flora psíquica muy distinta de la que cubre los paisajes de nuestra vida primaria y humana. Son emociones secundarias que en nuestro artista interior provocan esos ultra-objetos[1]. Son sentimientos específicamente estéticos.

Se dirá que para tal resultado fuera más simple prescindir totalmente de esas formas humanas –hombre, casa, montaña– y construir figuras del todo originales.

1. El «ultraísmo» es uno de los nombres más certeros que se han forjado para denominar la nueva sensibilidad.

Pero esto es, en primer lugar, impracticable[1]. Tal vez en la más abstracta línea ornamental vibra larvada una tenaz reminiscencia de ciertas formas «naturales». En segundo lugar —y ésta es la razón más importante—, el arte de que hablamos no es sólo inhumano por no contener cosas humanas, sino que consiste activamente en esa operación de deshumanizar. En su fuga de lo humano no le importa tanto el término *ad quem*, la fauna heteróclita a que llega, como el término *a quo*, el aspecto humano que destruye. No se trata de pintar algo que sea por completo distinto de un hombre, o casa, o montaña, sino de pintar un hombre que se parezca lo menos posible a un hombre, una casa que conserve de tal lo estrictamente necesario para que asistamos a su metamorfosis, un cono que ha salido milagrosamente de lo que era antes una montaña, como la serpiente sale de su camisa. El placer estético para el artista nuevo emana de ese triunfo sobre lo humano; por eso es preciso concretar la victoria y presentar en cada caso la víctima estrangulada.

Cree el vulgo que es cosa fácil huir de la realidad, cuando es lo más difícil del mundo. Es fácil decir o pintar una cosa que carezca por completo de sentido, que sea ininteligible o nula: bastará con enfilar palabras sin nexo[2], o trazar rayas al azar. Pero lograr construir algo

1. Un ensayo se ha hecho en este sentido extremo (ciertas obras de Picasso), pero con ejemplar fracaso.
2. Que es lo que ha hecho la broma dadaísta. Puede irse advirtiendo (véase la nota anterior) cómo las mismas extravagancias y fallidos intentos del arte nuevo se derivan con cierta lógica de su principio orgánico. Lo cual demuestra *ex abundantia* que se trata, en efecto, de un movimiento unitario y lleno de sentido.

que no sea copia de lo «natural», y que, sin embargo, posea alguna sustantividad, implica el don más sublime.

La «realidad» acecha constantemente al artista para impedir su evasión. ¡Cuánta astucia supone la fuga genial! Ha de ser un Ulises al revés, que se liberta de su Penélope cotidiana y entre escollos navega hacia el brujerío de Circe. Cuando logra escapar un momento a la perpetua asechanza no llevemos a mal en el artista un gesto de soberbia, un breve gesto a lo San Jorge, con el dragón yugulado a los pies.

INVITACIÓN A COMPRENDER

En la obra de arte preferida por el último siglo hay siempre un núcleo de realidad vivida, que viene a ser como sustancia del cuerpo estético. Sobre ella opera el arte, y su operación se reduce a pulir ese núcleo humano, a darle barniz, brillo, compostura o reverberación. Para la mayor parte de la gente tal estructura de la obra de arte es la más natural, es la única posible. El arte es reflejo de la vida, es la naturaleza vista al través de un temperamento, es la representación de lo humano, etcétera, etcétera. Pero es el caso que con no menor convicción los jóvenes sostienen lo contrario. ¿Por qué han de tener siempre hoy razón los viejos contra los jóvenes, siendo así que el mañana da siempre la razón a los jóvenes contra los viejos? Sobre todo, no conviene indignarse ni gritar. *Dove si grida non è vera scienza,* decía Leonardo de Vinci; *Neque lugere neque indignari, sed intelligere,* recomendaba Spinoza. Nuestras convicciones más arraigadas, más indubitables, son las más sospechosas. Ellas constituyen nuestros límites, nuestros confines, nuestra prisión. Poca es la vida si no piafa en ella un afán formidable de ampliar sus fronteras. Se vive en la proporción en que se ansía vivir más. Toda obstinación en mantenernos dentro de nuestro horizonte habitual significa debilidad, decadencia de las energías vitales. El horizonte es una línea biológica, un órgano viviente de nuestro ser; mientras gozamos de plenitud, el horizonte emigra, se dilata, ondula elástico casi al compás de nuestra respiración. En cambio, cuando el horizonte se fija es que se ha anquilosado y que nosotros ingresamos en la vejez.

No es tan evidente como suponen los académicos que la obra de arte haya de consistir, por fuerza, en un núcleo humano que las musas peinan y pulimentan. Esto es, por lo pronto, reducir el arte a la sola cosmética. Ya he indicado antes que la percepción de la realidad vivida y la percepción de la forma artística son, en principio, incompatibles por requerir una acomodación diferente en nuestro aparato perceptor. Un arte que nos proponga esa doble mirada será un arte bizco. El siglo XIX ha bizqueado sobremanera; por eso sus productos artísticos, lejos de representar un tipo normal de arte, son tal vez la máxima anomalía en la historia del gusto. Todas las grandes épocas del arte han evitado que la obra tenga en lo humano su centro de gravedad. Y ese imperativo de exclusivo realismo que ha gobernado la sensibilidad de la pasada centuria significa precisamente una monstruosidad sin ejemplo en la evolución estética. De donde resulta que la nueva inspiración, en apariencia tan extravagante, vuelve a tocar, cuando menos en un punto, el camino real del arte. Porque este camino se llama «voluntad de estilo». Ahora bien; estilizar es deformar lo real, desrealizar. Estilización implica deshumanización. Y viceversa, no hay otra manera de deshumanizar que estilizar. El realismo, en cambio, invitando al artista a seguir dócilmente la forma de las cosas, le invita a no tener estilo. Por eso, el entusiasta de Zurbarán, no sabiendo qué decir, dice que sus cuadros tienen «carácter», como tienen carácter y no estilo Lucas o Sorolla, Dickens o Galdós. En cambio, el siglo XVIII, que tiene tan poco carácter, posee a saturación un estilo.

SIGUE LA DESHUMANIZACIÓN DEL ARTE

La gente nueva ha declarado «tabú» toda injerencia de lo humano en el arte. Ahora bien; lo humano, el repertorio de elementos que integran nuestro mundo habitual, posee una jerarquía de tres rangos. Hay primero el orden de las personas, hay luego el de los seres vivos, hay, en fin, las cosas inorgánicas. Pues bien: el veto del arte nuevo se ejerce con una energía proporcional a la altura jerárquica del objeto. Lo personal, por ser lo más humano de lo humano, es lo que más evita el arte joven.

Esto se advierte muy claramente en la música y la poesía.

Desde Beethoven a Wagner el tema de la música fue la expresión de sentimientos personales. El artista mélico componía grandes edificios sonoros para alojar en ellos su autobiografía. Más o menos era el arte confesión. No había otra manera de goce estético que la contaminación. Wagner inyecta en el *Tristán* su adulterio con la Wesendonk y no nos deja otro remedio, si queremos complacernos en su obra, que volvernos durante un par de horas vagamente adúlteros. Aquella música nos compunge, y para gozar de ella tenemos que llorar, angustiarnos o derretirnos en una voluptuosidad espasmódica. De Beethoven a Wagner toda la música es melodrama.

Eso es una deslealtad –diría un artista actual. Eso es prevalerse de una noble debilidad que hay en el hombre, por la cual suele contagiarse del dolor o alegría del prójimo. Este contagio no es de orden espiritual, es una repercusión mecánica, como la dentera que produce el roce de un cuchillo sobre un cristal. Se trata de un efecto automático, nada más. No vale confundir la cosquilla con el regocijo. El romántico caza con reclamo; se aprovecha inhonestamente del celo del pájaro para incrustar en él los perdigones de sus notas. El arte no puede consistir en el contagio psíquico, porque éste es un fenómeno inconsciente y el arte ha de ser todo plena claridad, mediodía de intelección. El llanto y la risa son estéticamente fraudes. El gesto de la belleza no pasa nunca de la melancolía o la sonrisa. Y, mejor aún, si no llega. *Toute maîtrise jette le froid* (Mallarmé).

Yo creo que es bastante discreto el juicio del artista joven. El placer estético tiene que ser un placer inteligente. Porque entre los placeres los hay ciegos y perspicaces. La alegría del borracho es ciega; tiene, como todo en el mundo, su causa: el alcohol, pero carece de motivo. El favorecido con un premio de la lotería también se alegra, pero con una alegría muy diferente; se alegra «de» algo determinado. La jocundia del borracho es hermética, está encerrada en sí misma, no sabe de dónde viene, y, como suele decirse, «carece de fundamento». El regocijo del premiado, en cambio, consiste precisamente en darse cuenta de un hecho que lo motiva y justifica. Se regocija porque ve un objeto en sí mismo regocijante. Es una alegría con ojos, que vive de su motivación y parece fluir del objeto hacia el sujeto[1].

Todo lo que quiera ser espiritual y no mecánico habrá de poseer este carácter perspicaz, inteligente y motivado. Ahora bien: la obra romántica provoca un placer que apenas mantiene conexión con su contenido. ¿Qué tiene que ver la belleza musical –que debe ser algo situado allá, fuera de mí, en el lugar donde el sonido brota–, con los derretimientos íntimos que en mí acaso produce, y en paladear los cuales el público romántico se complace? ¿No hay aquí un perfecto *quid pro quo?* En vez de gozar del objeto artístico, el sujeto goza de sí mismo; la obra ha sido sólo la causa y el alcohol de su placer. Y esto acontecerá siempre que se haga consistir radicalmente el arte en una exposición de realidades vividas. Éstas, sin remedio, nos sobrecogen, suscitan en nosotros una participación sentimental que impide contemplarlas en su pureza objetiva.

Ver es una acción a distancia. Y cada una de las artes maneja un aparato proyector que aleja las cosas y las transfigura. En su pantalla mágica las contemplamos desterradas, inquilinas de un astro inabordable y absolu-

---

1. Causación y motivación son, pues, dos nexos completamente distintos. Las causas de nuestros estados de conciencia no existen para éstos: es preciso que la ciencia las averigüe. En cambio, el motivo de un sentimiento, de una volición, de una creencia, forma parte de éstos, es un nexo consciente.

tamente lejanas. Cuando falta esa desrealización se produce en nosotros un titubeo fatal: no sabemos si vivir las cosas o contemplarlas.

Ante las figuras de cera todos hemos sentido una peculiar desazón. Proviene ésta del equívoco urgente que en ellas habita y nos impide adoptar en su presencia una actitud clara y estable. Cuando las sentimos como seres vivos, nos burlan descubriendo su cadavérico secreto de muñecos, y si las vemos como ficciones parecen palpitar irritadas. No hay manera de reducirlas a meros objetos. Al mirarlas, nos azora sospechar que son ellas quienes nos están mirando a nosotros. Y concluimos por sentir asco hacia aquella especie de cadáveres alquilados. La figura de cera es el melodrama puro.

Me parece que la nueva sensibilidad está dominada por un asco a lo humano en el arte muy semejante al que siempre ha sentido el hombre selecto ante las figuras de cera. En cambio, la macabra burla cerina ha entusiasmado siempre a la plebe. Y nos hacemos de paso algunas preguntas impertinentes, con ánimo de no responderlas ahora: ¿Qué significa ese asco a lo humano en el arte? ¿Es, por ventura, asco a lo humano, a la realidad, a la vida, o es más bien todo lo contrario: respeto a la vida y una repugnancia a verla confundida con el arte, con una cosa tan subalterna como es el arte? Pero ¿qué es esto de llamar al arte función subalterna, al divino arte, gloria de la civilización, penacho de la cultura, etcétera, etcétera? Ya dije, lector, que se trataba de unas preguntas impertinentes. Queden, por ahora, anuladas.

El melodrama llega en Wagner a la más desmesurada exaltación. Y como siempre acaece, al alcanzar una forma su máximo, se inicia su conversión en la contraria. Ya en Wagner la voz humana deja de ser protagonista y se sumerge en el griterío cósmico de los demás instrumentos. Pero era inevitable una conversión más radical. Era forzoso extirpar de la música los sentimientos privados, purificarla en una ejemplar objetivación. Ésta fue la hazaña de Debussy. Desde él es posible oír música serenamente, sin embriaguez y sin llanto. Todas las variaciones de propósito que en estos últimos decenios ha habido en el arte musical pisan sobre el nuevo terreno ultraterreno genialmente conquistado por Debussy. Aquella conversión de lo subjetivo a lo objetivo es de tal importancia, que ante ella desaparecen las diferenciaciones ulteriores[1]. Debussy deshumanizó la música, y por ello data de él la nueva era del arte sonoro.

La misma peripecia aconteció en el lirismo. Convenía libertar la poesía, que, cargada de materia humana, se había convertido en un grave, e iba arrastrando sobre la tierra, hiriéndose contra los árboles y las esquinas de los tejados como un globo sin gas. Mallarmé fue aquí el libertador que devolvió al poema su poder aerostático y su virtud ascendente. Él mismo, tal vez, no realizó su ambición, pero fue el capitán de las nuevas exploraciones etéreas, que ordenó la maniobra decisiva: soltar lastre.

Recuérdese cuál era el tema de la poesía en la centuria romántica. El poeta nos participaba lindamente sus emociones privadas de buen burgués; sus penas grandes

---

1. Un análisis más detenido de lo que significa Debussy frente a la música romántica puede verse en mi ensayo *Musicalia*, recogido en *El Espectador*, tomo III.

y chicas, sus nostalgias, sus preocupaciones religiosas o políticas y, si era inglés, sus ensoñaciones tras de la pipa. Con unos u otros medios aspiraba a envolver en patetismo su existencia cotidiana. El genio individual permitía que, en ocasiones, brotase en torno al núcleo humano del poema una fotosfera radiante, de más sutil materia – por ejemplo, en Baudelaire. Pero este resplandor era impremeditado. El poeta quería siempre ser un hombre.

–¿Y esto parece mal a los jóvenes? –pregunta con reprimida indignación alguien que no lo es. ¿Pues qué quieren? ¿Que el poeta sea un pájaro, un ictiosauro, un dodecaedro?

No sé, no sé; pero creo que el poeta joven, cuando poetiza, se propone simplemente ser poeta. Ya veremos cómo todo el arte nuevo, coincidiendo en esto con la nueva ciencia, con la nueva política, con la nueva vida, en fin, repugna ante todo la confusión de fronteras. Es un síntoma de pulcritud mental querer que las fronteras entre las cosas estén bien demarcadas. Vida es una cosa, poesía es otra –piensan o, al menos, sienten. No las mezclemos. El poeta empieza donde el hombre acaba. El destino de éste es vivir su itinerario humano; la misión de aquél es inventar lo que no existe. De esta manera se justifica el oficio poético. El poeta aumenta el mundo, añadiendo a lo real, que ya está ahí por sí mismo, un irreal continente. Autor viene de *auctor,* el que aumenta. Los latinos llamaban así al general que ganaba para la patria un nuevo territorio.

Mallarmé fue el primer hombre del siglo pasado que quiso ser un poeta. Como él mismo dice, «rehusó los materiales naturales» y compuso pequeños objetos líricos, diferentes de la fauna y la flora humanas. Esta poesía no necesita ser «sentida», porque, como no hay en ella nada humano, no hay en ella nada patético. Si se habla de una mujer es de la «mujer ninguna», y si suena una hora es «la hora ausente del cuadrante». A fuerza de negaciones, el verso de Mallarmé anula toda resonancia vital, y nos presenta figuras tan extraterrestres, que el mero contemplarlas es ya sumo placer. ¿Qué puede hacer entre esas fisonomías el pobre rostro del hombre que oficia de poeta? Sólo una cosa: desaparecer, volatilizarse y quedar convertido en una pura voz anónima que sostiene en el aire las palabras, verdaderas protagonistas de la empresa lírica. Esa pura voz anónima, mero substrato acústico del verso, es la voz del poeta, que sabe aislarse de su hombre circundante.

Por todas partes salimos a lo mismo: huida de la persona humana. Los procedimientos de deshumanización son muchos. Tal vez hoy dominan otros muy distintos de los que empleó Mallarmé, y no se me oculta que a las páginas de éste llegan todavía vibraciones y estremecimientos románticos. Pero lo mismo que la música actual pertenece a un bloque histórico que empieza con Debussy, toda la nueva poesía avanza en la dirección señalada por Mallarmé. El enlace con uno y otro nombre me parece esencial si, elevando la mirada sobre las indentaciones marcadas por cada inspiración particular, se quiere buscar la línea matriz de un nuevo estilo.

Es muy difícil que a un contemporáneo menor de treinta años le interese un libro donde, so pretexto de arte, se le refieran las idas y venidas de unos hombres y unas mujeres. Todo eso le sabe a sociología, a psicología y lo aceptaría con gusto si, no confundiendo las cosas, se le hablase sociológicamente o psicológicamente de ello. Pero el arte para él es otra cosa.

La poesía es hoy el álgebra superior de las metáforas.

EL «TABÚ» Y LA METÁFORA

La metáfora es probablemente la potencia más fértil que el hombre posee. Su eficiencia llega a tocar los confines de la taumaturgia y parece un trebejo de creación que Dios se dejó olvidado dentro de una de sus criaturas al tiempo de formarla, como el cirujano distraído se deja un instrumento en el vientre del operado.

Todas las demás potencias nos mantienen inscritos dentro de lo real, de lo que ya es. Lo más que podemos hacer es sumar o restar unas cosas de otras. Sólo la metáfora nos facilita la evasión y crea entre las cosas reales arrecifes imaginarios, florecimiento de islas ingrávidas.

Es verdaderamente extraña la existencia en el hombre de esta actividad mental que consiste en suplantar una cosa por otra, no tanto por afán de llegar a ésta como por el empeño de rehuir aquélla.

La metáfora escamotea un objeto enmascarándolo con otro, y no tendría sentido si no viéramos bajo ella un instinto que induce al hombre a evitar realidades[1].

Cuando recientemente se preguntó un psicólogo cuál pueda ser el origen de la metáfora, halló sorprendido

---

1. Algo más sobre la metáfora puede verse en el ensayo *Las dos grandes metáforas*, publicado en *El Espectador*, tomo IV, 1925, y en «Ensayo de estética a manera de prólogo».

que una de sus raíces está en el espíritu del «tabú»[1]. Ha habido una época en que fue el miedo la máxima inspiración humana, una edad dominada por el terror cósmico. Durante ella se siente la necesidad de evitar ciertas realidades que, por otra parte, son ineludibles. El animal más frecuente en el país, y de que depende la sustentación, adquiere un prestigio sagrado. Esta consagración trae consigo la idea de que no se le puede tocar con las manos. ¿Qué hace entonces para comer el indio Lillooet? Se pone en cuclillas y cruza las manos bajo sus nalgas. De este modo puede comer, porque las manos bajo las nalgas son metafóricamente unos pies. He aquí un tropo de acción, una metáfora elemental previa a la imagen verbal y que se origina en el afán de evitar la realidad.

Y como la palabra es para el hombre primitivo un poco la cosa misma nombrada, sobreviene el menester de no nombrar el objeto tremendo sobre que ha recaído «tabú». De aquí que se designe con el nombre de otra cosa, mentándolo en forma larvada y subrepticia. Así el polinesio, que no debe nombrar nada de lo que pertenece al rey, cuando ve arder las antorchas en su palacio-cabaña, tiene que decir: «El rayo arde en las nubes del cielo». He aquí la alusión metafórica.

Obtenido en esta forma tabuista, el instrumento metafórico puede luego emplearse con los fines más diversos. Uno de éstos, el que ha predominado en la poesía, era ennoblecer el objeto real. Se usaba de la imagen similar con intención decorativa, para ornar y recamar la reali-

1. Véase Heinz Werner: *Die Ursprünge der Metapher*, 1919.

dad amada. Sería curioso inquirir si en la nueva inspiración poética, al hacerse la metáfora sustancia y no ornamento, cabe notar un raro predominio de la imagen denigrante que, en lugar de ennoblecer y realzar, rebaja y veja a la pobre realidad. Hace poco leía en un poeta joven que el rayo es un metro de carpintero y los árboles infolies del invierno escobas para barrer el cielo. El arma lírica se revuelve contra las cosas naturales y las vulnera o asesina.

SUPRA E INFRARREALISMO

Pero si es la metáfora el más radical instrumento de deshumanización, no puede decirse que sea el único. Hay innumerables de alcance diverso.

Uno, el más simple, consiste en un simple cambio de la perspectiva habitual. Desde el punto de vista humano tienen las cosas un orden, una jerarquía determinada. Nos parecen unas muy importantes, otras menos, otras por completo insignificantes. Para satisfacer el ansia de deshumanizar no es, pues, forzoso alterar las formas primarias de las cosas. Basta con invertir la jerarquía y hacer un arte donde aparezcan en primer plano, destacados con aire monumental, los mínimos sucesos de la vida.

Éste es el nexo latente que une las maneras de arte nuevo en apariencia más distantes. Un mismo instinto de fuga y evasión de lo real se satisface en el suprarrealismo de la metáfora y en lo que cabe llamar infrarrealismo. A la ascensión poética puede sustituirse una inmersión bajo el nivel de la perspectiva natural. Los mejores ejemplos de cómo por extremar el realismo se le supera –no más que con atender lupa en mano a lo microscópico de la vida– son Proust, Ramón Gómez de la Serna, Joyce.

Ramón puede componer todo un libro sobre los senos –alguien le ha llamado «nuevo Colón que navega hacia hemisferios»– o sobre el circo, o sobre el alba, o sobre el Rastro o la Puerta del Sol. El procedimiento consiste sencillamente en hacer protagonistas del drama vital los barrios bajos de la atención, lo que de ordinario desatendemos. Giraudoux, Morand, etcétera, son, en varia modulación, gentes del mismo equipo lírico.

Esto explica que los dos últimos fuesen tan entusiastas de la obra de Proust, como, en general, aclara el placer que este escritor, tan de otro tiempo, proporciona a la gente nueva. Tal vez lo esencial que el latifundio de su libro tiene de común con la nueva sensibilidad, es el cambio de perspectiva: desdén hacia las antiguas formas monumentales del alma que describía la novela, e inhumana atención a la fina estructura de los sentimientos, de las relaciones sociales, de los caracteres.

LA VUELTA DEL REVÉS

Al sustantivarse la metáfora se hace, más o menos, protagonista de los destinos poéticos. Esto implica sencillamente que la intención estética ha cambiado de signo, que se ha vuelto del revés. Antes se vertía la metáfora sobre una realidad, a manera de adorno, encaje o capa pluvial. Ahora, al revés, se procura eliminar el sostén extrapoético o real y se trata de realizar la metáfora, hacer de ella la *res* poética. Pero esta inversión del proceso estético no es exclusiva del menester metafórico, sino que se verifica en todos los órdenes y con todos los medios hasta convertirse en un cariz general –como tendencia[1]– de todo el arte al uso.

La relación de nuestra mente con las cosas consiste en pensarlas, en formarse ideas de ellas. En rigor, no poseemos de lo real sino las ideas que de él hayamos logrado formarnos. Son como el *belvedere* desde el cual vemos el mundo. Decía muy bien Goethe que cada nuevo concepto es como un nuevo órgano que surgiese en nosotros. Con las ideas, pues, vemos las cosas, y en la actitud natural de la mente, no nos damos cuenta de aquéllas, lo mismo que el ojo al mirar no se ve a sí mismo. Dicho de otro modo, pensar es el afán de captar mediante ideas la realidad; el movimiento espontáneo de la mente va de los conceptos al mundo.

Pero es el caso que entre la idea y la cosa hay siempre una absoluta distancia. Lo real rebosa siempre del concepto que intenta contenerlo. El objeto es siempre más y de otra manera que lo pensado en su idea. Queda ésta siempre como un mísero esquema, como un andamiaje con que intentamos llegar a la realidad. Sin embargo, la tendencia natural nos lleva a creer que la realidad es lo que pensamos de ella, por tanto, a confundirla con la idea, tomando ésta de buena fe por la cosa misma. En

---

1. Sería enojoso repetir, bajo cada una de estas páginas, que cada uno de los rasgos subrayados por mí como esenciales al arte nuevo han de entenderse en el sentido de propensiones predominantes y no de atribuciones absolutas.

suma, nuestro prurito vital de realismo nos hace caer en una ingenua idealización de lo real. Ésta es la propensión nativa, «humana».

Si ahora, en vez de dejarnos ir en esta dirección del propósito, lo invertimos y, volviéndonos de espaldas a la presunta realidad, tomamos las ideas según son –meros esquemas subjetivos– y las hacemos vivir como tales, con su perfil anguloso, enteco, pero transparente y puro –en suma, si nos proponemos deliberadamente realizar las ideas–, habremos deshumanizado, desrealizado éstas. Porque ellas son, en efecto, irrealidad. Tomarlas como realidad es idealizar –falsificar ingenuamente. Hacerlas vivir en su irrealidad misma es, digámoslo así, realizar lo irreal en cuanto irreal. Aquí no vamos de la mente al mundo, sino al revés, damos plasticidad, objetivamos, *mundificamos* los esquemas, lo interno y subjetivo.

El pintor tradicional que hace un retrato pretende haberse apoderado de la realidad de la persona cuando en verdad y a lo sumo, ha dejado en el lienzo una esquemática selección, caprichosamente decidida por su mente, de la infinitud que integra la persona real. ¿Qué tal si, en lugar de querer pintar a ésta, el pintor se resolviese a pintar su idea, su esquema de la persona? Entonces el cuadro sería la verdad misma y no sobrevendría el fracaso inevitable. El cuadro, renunciando a emular la realidad, se convertiría en lo que auténticamente es: un cuadro –una irrealidad.

El expresionismo, el cubismo, etcétera, han sido en varia medida, intentos de verificar esta resolución en la dirección radical del arte. De pintar las cosas se ha pasado a pintar las ideas: el artista se ha cegado para el mundo exterior y ha vuelto la pupila hacia los paisajes internos y subjetivos.

No obstante sus tosquedades y la basteza continua de su materia, ha sido la obra de Pirandello, *Seis personajes en busca de autor,* tal vez la única en este último tiempo que provoca la meditación del aficionado a estética del drama. Es ella un claro ejemplo de esa inversión del tema artístico que procuro describir. Nos propone el teatro tradicional que en sus personajes veamos personas y en los aspavientos de aquéllos la expresión de un drama «humano». Aquí, por el contrario, se logra interesarnos por unos personajes como tales personajes; es decir, como ideas o puros esquemas.

Cabría afirmar que es éste el primer «drama de ideas», rigorosamente hablando, que se ha compuesto. Los que antes se llamaban así no eran tales dramas de ideas, sino dramas entre pseudopersonas que simbolizaban ideas. En los *Seis personajes,* el destino doloroso que ellos representan es mero pretexto y queda desvirtuado; en cambio, asistimos al drama real de unas ideas como tales, de unos fantasmas subjetivos que gesticulan en la mente de un autor. El intento de deshumanización es clarísimo y la posibilidad de lograrlo queda en este caso probada. Al mismo tiempo se advierte ejemplarmente la dificultad del gran público para acomodar la visión a esta perspectiva invertida. Va buscando el drama humano que la obra constantemente desvirtúa, retira e ironiza, poniendo en su lugar –esto es, en primer plano– la ficción teatral misma, como tal ficción. Al gran público le irrita que le engañen y no sabe complacerse en el delicioso fraude del arte, tanto más exquisito cuanto mejor manifieste su textura fraudulenta.

ICONOCLASIA

No parece excesivo afirmar que las artes plásticas del nuevo estilo han revelado un verdadero asco hacia las formas vivas o de los seres vivientes. El fenómeno adquiere completa evidencia si se compara el arte de estos años con aquella hora en que de la disciplina gótica emergen pintura y escultura como de una pesadilla, y dan la gran cosecha mundanal del Renacimiento. Pincel y cincel se deleitan voluptuosamente en seguir la pauta que el modelo animal o vegetal presenta en sus carnes mórbidas donde la vitalidad palpita. No importa qué seres con tal que en ellos la vida dé su pulsación dinámica. Y del cuadro o la escultura se derrama la forma orgánica sobre el ornamento. Es la época de los cuernos de la abundancia, manantiales de vida torrencial que amenaza inundar el espacio con sus frutos redondos y maduros.

¿Por qué el artista actual siente horror a seguir la línea mórbida del cuerpo vivo y la suplanta por el esquema geométrico? Todos los errores y aun estafas del cubismo no oscurecen el hecho de que durante algún tiempo nos hayamos complacido en un lenguaje de puras formas euclidianas.

El fenómeno se complica cuando recordamos que periódicamente atraviesa la historia esta furia de geometrismo plástico. Ya en la evolución del arte prehistórico vemos que la sensibilidad comienza por buscar la forma viva y acaba por eludirla, como aterrorizada o asqueada, recogiéndose en signos abstractos, último residuo de figuras animadas o cósmicas. La sierpe se estiliza en meandro; el sol, en svástica. A veces este asco a la forma viva se enciende en odio y produce conflictos públicos. La revolución contra las imágenes del cristianismo oriental, la prohibición semítica de reproducir animales –un instinto contrapuesto al de los hombres que decoraron la cueva de Altamira– tiene, sin duda, junto a su sentido religioso una raíz en la sensibilidad estética, cuyo influjo posterior en el arte bizantino es evidente.

Sería más que interesante investigar con toda atención las erupciones de iconoclasia que una vez y otra surgen en la religión y en el arte. En el arte nuevo actúa evidentemente este extraño sentimiento iconoclasta y su lema bien podía ser aquel mandamiento de Porfirio, que, adaptado por los maniqueos, tanto combatió San Agustín: *Omne corpus fugiendum est.* Y claro es que se refiere al cuerpo vivo. ¡Curiosa inversión de la cultura griega, que fue en su hora culminante tan amiga de las formas vivientes!

INFLUENCIA NEGATIVA DEL PASADO

La intención de este ensayo se reduce, como he dicho, a filiar el arte nuevo mediante algunos de sus rasgos diferenciales. Pero, a su vez, esta intención se halla al servicio de una curiosidad más larga que estas páginas no se atreven a satisfacer, dejando al lector que la sienta, abandonado a su privada meditación. Me refiero a lo siguiente.

En otro lugar[1] he indicado que el arte y la ciencia pura, precisamente por ser las actividades más libres, menos

---

1. Véase mi libro *El tema de nuestro tiempo.*

estrechamente sometidas a las condiciones sociales de cada época, son los primeros hechos donde puede vislumbrarse cualquier cambio de la sensibilidad colectiva. Si el hombre modifica su actitud radical ante la vida comenzará por manifestar el nuevo temperamento en la creación artística y en sus emanaciones ideológicas. La sutileza de ambas materias las hace infinitamente dóciles al más ligero soplo de los alisios espirituales. Como en la aldea, al abrir de mañana el balcón, miramos los humos de los hogares para presumir el viento que va a gobernar la jornada, podemos asomarnos al arte y a la ciencia de las nuevas generaciones con pareja curiosidad meteorológica.

Mas para esto es ineludible comenzar por definir el nuevo fenómeno. Sólo después cabe preguntarse de qué nuevo estilo general de vida es síntoma y nuncio. La respuesta exigiría averiguar las causas de este viraje extraño que el arte hace, y esto sería empresa demasiado grave para acometida aquí. ¿Por qué ese prurito de «deshumanizar», por qué ese asco a las formas vivas? Probablemente, como todo fenómeno histórico, tiene éste una raigambre innumerable cuya investigación requiere el más fino olfato.

Sin embargo, cualesquiera que sean las restantes existe una causa sumamente clara, aunque no pretende ser la decisiva.

No es fácil exagerar la influencia que sobre el futuro del arte tiene siempre su pasado. Dentro del artista se produce siempre un choque o reacción química entre su sensibilidad original y el arte que se ha hecho ya. No se encuentra solo ante el mundo, sino que, en sus relaciones con éste, interviene siempre como un truchimán la tradición artística. ¿Cuál será el modo de esa reacción entre el sentir original y las formas bellas del pasado? Puede ser positivo o negativo. El artista se sentirá afín con el pretérito y se percibirá a sí mismo como naciendo de él, heredándolo y perfeccionándolo –o bien, en una u otra medida, hallará en sí una espontánea, indefinible repugnancia a los artistas tradicionales, vigentes, gobernantes. Y así como en el primer caso sentirá no poca voluptuosidad instalándose en el molde de las convenciones al uso y repitiendo algunos de sus consagrados gestos, en el segundo no sólo producirá una obra distinta de las recibidas, sino que encontrará la misma voluptuosidad dando a esta obra un carácter agresivo contra las normas prestigiosas.

Suele olvidarse esto cuando se habla de la influencia del ayer en el hoy. Se ha visto siempre, sin dificultad, en la obra de una época la voluntad de parecerse más o menos a las de otra época anterior. En cambio, parece costar trabajo a casi todo el mundo advertir la influencia negativa del pasado y notar que un nuevo estilo está formado muchas veces por la consciente y complacida negación de los tradicionales.

Y es el caso que no puede entenderse la trayectoria del arte, desde el romanticismo hasta el día, si no se toma en cuenta como factor del placer estético ese temple negativo, esa agresividad y burla del arte antiguo. Baudelaire se complace en la Venus negra precisamente porque la clásica es blanca. Desde entonces, los estilos que se han ido sucediendo aumentaron la dosis de ingredientes negativos y blasfematorios en que se hallaba voluptuosamente la tradición, hasta el punto que hoy casi está hecho el perfil del arte nuevo con puras negaciones del arte viejo. Y se comprende que sea así. Cuando un arte lleva muchos siglos de evolución continuada, sin graves hiatos ni catástrofes históricas que la interrumpan, lo producido se va hacinando y la densa tradición gravita progresivamente sobre la inspiración del día. O dicho de otro modo: entre el artista que nace y el mundo se interpone cada vez mayor volumen de estilos tradicionales interceptando la comunicación directa y original entre aquéllos. De suerte que una de dos: o la tradición acaba por desalojar toda potencia original –fue el caso de Egipto, de Bizancio, en general, de Oriente–, o la gravitación del pasado sobre el presente tiene que cambiar de signo y sobrevenir una larga época en que el arte nuevo se va curando poco a poco del viejo que le ahoga. Éste ha sido el caso del alma europea, en quien predomina un instinto futurista sobre el irremediable tradicionalismo y *pasadismo* orientales.

Buena parte de lo que he llamado «deshumanización» y asco a las formas vivas proviene de esta antipatía a la interpretación tradicional de las realidades. El vigor del ataque está en razón directa de las distancias. Por eso lo que más repugna a los artistas de hoy es la manera predominante en el siglo pasado, a pesar de que en ella hay ya una buena dosis de oposición a estilos más antiguos. En cambio, finge la nueva sensibilidad sospechosa simpatía hacia el arte más lejano en el tiempo y el espacio, lo prehistórico y el exotismo salvaje. A decir verdad, lo que le complace de estas obras primigenias es –más que ellas mismas– su *ingenuidad,* esto es, la ausencia de una tradición que aún no se había formado.

Si ahora echamos una mirada de reojo a la cuestión de qué tipo de vida se sintomatiza en este ataque al pasado artístico, nos sobrecoge una visión extraña de gigante dramatismo. Porque, al fin y al cabo, agredir al arte pasado, tan en general, es revolverse contra el *Arte* mismo, pues ¿qué otra cosa es concretamente el arte sino el que se ha hecho hasta aquí?

Pero ¿es que, entonces, bajo la máscara de amor al arte puro se esconde hartazgo del arte, odio al arte? ¿Cómo sería posible? Odio al arte no puede surgir sino donde germina también odio a la ciencia, odio al Estado, odio, en suma, a la cultura toda. ¿Es que fermenta en los pechos europeos un inconcebible rencor contra su propia esencia histórica, algo así como el *odium professionis* que acomete al monje, tras largos años de claustro, aversión a su disciplina, a la regla misma que ha informado su vida?[1].

He aquí el instante prudente para levantar la pluma dejando alzar su vuelo de grullas a una bandada de interrogaciones.

---

1. Sería de interés analizar los mecanismos psicológicos por medio de los cuales influye negativamente el arte de ayer sobre el de mañana. Por lo pronto, hay uno bien claro: la fatiga. La mera repetición de un estilo embota y cansa la sensibilidad. Wölfflin ha mostrado en sus *Conceptos fundamentales en la historia del arte* el poder que la fatiga ha tenido una y otra vez para movilizar el arte, obligándole a transformarse. Más aún en la literatura. Todavía Cicerón, por «hablar latín», dice *latine loqui;* pero en el siglo V Sidonio Apolinar tendrá que decir *latialiter insusurrare.* Eran demasiados siglos de decir lo mismo en la misma forma.

IRÓNICO DESTINO

Más arriba se ha dicho que el nuevo estilo, tomado en su más amplia generalidad, consiste en eliminar los ingredientes «humanos, demasiado humanos», y retener sólo la materia puramente artística. Esto parece implicar un gran entusiasmo por el arte. Pero al rodear el mismo hecho y contemplarlo desde otra vertiente sorprendemos en él un cariz opuesto de hastío o desdén. La contradicción es patente e importa mucho subrayarla. En definitiva, vendría a significar que el arte nuevo es un fenómeno de índole equívoca, cosa, a la verdad, nada sorprendente, porque equívocos son casi todos los grandes hechos de estos años en curso. Bastaría analizar un poco los acontecimientos políticos de Europa para hallar en ellos la misma entraña equívoca.

Sin embargo, esa contradicción entre amor y odio a una misma cosa se suaviza un poco mirando más de cerca la producción artística del día.

La primera consecuencia que trae consigo ese retraimiento del arte sobre sí mismo es quitar a éste todo patetismo. En el arte cargado de «humanidad» repercutía el carácter grave anejo a la vida. Era una cosa muy seria el arte, casi hierática. A veces pretendía no menos que salvar a la especie humana –en Schopenhauer y en Wagner. Ahora bien; no puede menos de extrañar a quien para en ello mientes que la nueva inspiración es siempre, indefectiblemente, cómica. Toda ella suena en esa sola cuerda y tono. La comicidad será más o menos violenta y correrá desde la franca clownería hasta el leve guiño irónico, pero no falta nunca. Y no es que el contenido de la obra sea cómico –esto sería recaer en un modo o categoría del estilo «humano»–, sino que, sea cual fuere el contenido, el arte mismo se hace broma. Buscar, como antes he indicado, la ficción como tal ficción es propósito que no puede tenerse sino en un estado de alma jovial. Se va al arte precisamente porque se le reconoce como farsa. Esto es lo que perturba más la comprensión de las obras jóvenes por parte de las personas serias, de sensibilidad menos actual. Piensan que la pintura y la música de los nuevos es pura «farsa» –en el mal sentido de la palabra– y no admiten la posibilidad de que alguien vea justamente en la farsa la misión radical del arte y su benéfico menester. Sería «farsa» –en el mal sentido de la palabra– si el artista actual pretendiese competir con el arte «serio» del pasado y un cuadro cubista solicitase el mismo tipo de admiración patética, casi religiosa, que una estatua de Miguel Ángel. Pero el artista de ahora nos invita a que contemplemos un arte que es una broma, que es, esencialmente, la burla de sí mismo. Porque en esto radica la comicidad de esta inspiración. En vez de reírse de alguien o algo determinado –sin víctima no hay comedia–, el arte nuevo ridiculiza el arte.

Y no se hagan, al oír esto, demasiados aspavientos si se quiere permanecer discreto. Nunca demuestra el arte mejor su mágico don como en esta burla de sí mismo. Porque al hacer el ademán de aniquilarse a sí propio sigue siendo arte, y por una maravillosa dialéctica, su negación es su conservación y triunfo.

Dudo mucho que a un joven de hoy le pueda interesar un verso, una pincelada, un sonido que no lleve dentro de sí un reflejo irónico.

Después de todo no es esto completamente nuevo como idea y teoría. A principios del siglo XIX, un grupo de románticos alemanes dirigido por los Schlegel proclamó la Ironía como la máxima categoría estética y por razones que coinciden con la nueva intención de arte. Éste no se justifica si se limita a reproducir la realidad, duplicándola en vano. Su misión es suscitar un irreal horizonte. Para lograr esto no hay otro medio que negar nuestra realidad, colocándonos por este acto encima de ella. Ser artista es no tomar en serio al hombre tan serio que somos cuando no somos artistas.

Claro es que este destino de inevitable ironía da al arte nuevo un tinte monótono muy propio para desesperar al más paciente. Pero, a la par, queda nivelada la contradicción entre amor y odio que antes he señalado. El rencor va al arte como seriedad; el amor, al arte victorioso como farsa, que triunfa de todo, incluso de sí mismo, a la manera que en un sistema de espejos reflejándose indefinidamente los unos en los otros ninguna forma es la última, todas quedan burladas y hechas pura imagen.

LA INTRASCENDENCIA DEL ARTE

Todo ello viene a condensarse en el síntoma más agudo, más grave, más hondo que presenta el arte joven, una facción extrañísima de la nueva sensibilidad estética que reclama alerta meditación. Es algo muy delicado de decir, entre otros motivos, porque es muy difícil de formular con justeza.

Para el hombre de la generación novísima, el arte es una cosa sin trascendencia. Una vez escrita esta frase me espanto de ella, al advertir su innumerable irradiación de significados diferentes. Porque no se trata de que a cualquier hombre de hoy le parezca el arte cosa sin importancia o menos importante que al hombre de ayer, sino que el artista mismo ve su arte como una labor intrascendente. Pero aun esto no expresa con rigor la verdadera situación. Porque el hecho no es que al artista le interese poco su obra y oficio, sino que le interesa precisamente porque no tienen importancia grave y en la medida que carecen de ella. No se entiende bien el caso si no se le mira en confrontación con lo que era el arte hace treinta años, y, en general, durante todo el siglo pasado. Poesía o música eran entonces actividades de enorme calibre: se esperaba de ellas poco menos que la salvación de la especie humana sobre la ruina de las religiones y el relativismo inevitable de la ciencia. El arte era trascendente en un doble sentido. Lo era por su tema, que solía consistir en los más graves problemas de la humanidad, y lo era por sí misma, como potencia humana que prestaba justificación y dignidad a la especie. Era de ver el solemne gesto que ante la masa adoptaba el gran poeta y el músico genial, gesto de profeta o fundador de religión, majestuosa apostura de estadista responsable de los destinos universales.

A un artista de hoy sospecho que le aterraría verse ungido con tan enorme misión y obligado, en consecuencia, a tratar en su obra materias capaces de tamañas repercusiones. Precisamente le empieza a saber algo a fruto artístico cuando empieza a notar que el aire pierde seriedad y las cosas comienzan a brincar livianamente, libres de toda formalidad. Ese piruetear universal es para él el signo auténtico de que las musas existen. Si cabe decir que el arte salva al hombre, es sólo porque le salva de la seriedad de la vida y suscita en él inesperada puericia. Vuelve a ser símbolo del arte la flauta mágica de Pan, que hace danzar los chivos en la linde del bosque.

Todo el arte nuevo resulta comprensible y adquiere cierta dosis de grandeza cuando se le interpreta como un ensayo de crear puerilidad en un mundo viejo. Otros estilos obligaban a que se les pusiera en conexión con los dramáticos movimientos sociales y políticos o bien con las profundas corrientes filosóficas o religiosas. El nuevo estilo, por el contrario, solicita, desde luego, ser aproximado al triunfo de los deportes y juegos. Son dos hechos hermanos, de la misma oriundez.

En pocos años hemos visto crecer la marea del deporte en las planas de los periódicos, haciendo naufragar casi todas las carabelas de la seriedad. Los artículos de fondo amenazan con descender a su abismo titular, y sobre la superficie cinglan victoriosas las yolas de regata. El culto al cuerpo es eternamente síntoma de inspiración pueril, porque sólo es bello y ágil en la mocedad, mientras el culto al espíritu indica voluntad de envejecimiento, porque sólo llega a plenitud cuando el cuerpo ha entrado en decadencia. El triunfo del deporte significa la victoria de los valores de juventud sobre los valores de senectud. Lo propio acontece con el cinematógrafo, que es, por excelencia, arte corporal.

Todavía en mi generación gozaban de gran prestigio las maneras de la vejez. El muchacho anhelaba dejar de ser muchacho lo antes posible y prefería imitar los andares fatigados del hombre caduco. Hoy los chicos y las chicas se esfuerzan en prolongar su infancia, y los mozos en retener y subrayar su juventud. No hay duda: entra Europa en una etapa de puerilidad.

El suceso no debe sorprender. La historia se mueve según grandes ritmos biológicos. Sus mutaciones máximas no pueden originarse en causas secundarias y de detalle, sino en factores muy elementales, en fuerzas primarias de carácter cósmico. Bueno fuera que las diferencias mayores y como polares, existentes en el ser vivo –los sexos y las edades–, no ejerciesen también un influjo soberano sobre el perfil de los tiempos. Y, en efecto, fácil es notar que la historia se columpia rítmicamente del uno al otro polo, dejando que en unas épocas predominen las calidades masculinas y en otras las femeninas, o bien exaltando unas veces la índole juvenil y otras la de madurez o ancianidad.

El cariz que en todos los órdenes va tomando la existencia europea anuncia un tiempo de varonía y juventud. La mujer y el viejo tienen que ceder durante un período el gobierno de la vida a los muchachos, y no es extraño que el mundo parezca ir perdiendo formalidad.

Todos los caracteres del arte nuevo pueden resumirse en éste de su intrascendencia, que, a su vez, no consiste en otra cosa sino en haber el arte cambiado su colocación en la jerarquía de las preocupaciones o intereses humanos. Pueden representarse éstos como una serie de círculos concéntricos, cuyo radio mide la distancia dinámica al eje de nuestra vida, donde actúan nuestros supremos afanes. Las cosas de todo orden –vitales o culturales– giran en aquellas diversas órbitas atraídas más o menos por el centro cordial del sistema. Pues bien; yo diría que el arte situado antes –como la ciencia o la política– muy cerca del eje entusiasta, sostén de nuestra persona, se ha desplazado hacia la periferia. No ha perdido ninguno de sus atributos exteriores, pero se ha hecho distante, secundario y menos grávido.

La aspiración al arte puro no es, como suele creerse, una soberbia, sino, por el contrario, gran modestia. Al vaciarse el arte de patetismo humano queda sin trascendencia alguna –como solo arte, sin más pretensión.

CONCLUSIÓN

Isis miriónima, Isis la de diez mil nombres, llamaban los egipcios a su diosa. Toda realidad en cierto modo lo es. Sus componentes, sus facciones son innumerables. ¿No es audaz, con unas cuantas denominaciones, querer definir una cosa, la más humilde? Fuera ilustre casualidad que las notas subrayadas por nosotros entre infinitas resultasen ser, en efecto, las decisivas. La improbabilidad aumenta cuando se trata de una realidad naciente que inicia su trayectoria en los espacios.

Es, pues, sobremanera probable que este ensayo de filiar el arte nuevo no contenga sino errores. Al terminarlo, en el volumen que él ocupaba, brotan ahora en mi curiosidad y esperanza de que tras él se hagan otros más certeros. Entre muchos podremos repartirnos los diez mil nombres.

Pero sería duplicar mi error si se pretendiese corregirlo destacando sólo algún rasgo parcial no incluido en esta anatomía. Los artistas suelen caer en ello cuando hablan de su arte, y no se alejan debidamente para tomar una amplia vista sobre los hechos. Sin embargo, no es dudoso que la fórmula más próxima a la verdad será la que en giro más unitario y armónico valga para mayor número de particularidades–, y como en el telar, un solo golpe anude mil hilos.

Me ha movido exclusivamente la delicia de intentar comprender –ni la ira ni el entusiasmo. He procurado buscar el sentido de los nuevos propósitos artísticos, y esto, claro es, supone un estado de espíritu lleno de previa benevolencia. Pero ¿es posible acercarse de otra manera a un tema sin condenarlo a la esterilidad?

Se dirá que el arte nuevo no ha producido hasta ahora nada que merezca la pena, y yo ando muy cerca de pensar lo mismo. De las obras jóvenes he procurado extraer su intención, que es lo jugoso, y me he despreocupado de su realización. ¡Quién sabe lo que dará de sí este naciente estilo! La empresa que acomete es fabulosa –quiere crear de la nada. Yo espero que más adelante se contente con menos y acierte más.

Pero, cualesquiera sean sus errores, hay un punto, a mi juicio, inconmovible en la nueva posición: la imposibilidad de volver hacia atrás. Todas las objeciones que a la inspiración de estos artistas se hagan pueden ser acertadas y, sin embargo, no aportarán razón suficiente para condenarla. A las objeciones habría que añadir otra cosa: la insinuación de otro camino para el arte que no sea éste deshumanizador ni reitere las vías usadas y abusadas.

Es muy fácil gritar que el arte es siempre posible dentro de la tradición. Mas esta frase confortable no sirve de nada al artista que espera, con el pincel o la pluma en la mano, una inspiración concreta.

Ideas sobre la novela

Hace poco publicaba unas notas Pío Baroja[1], a propósito de su reciente novela *Las figuras de cera*. En ellas indica que comienza a preocuparse de la técnica novelesca y que ahora se ha propuesto hacer un libro de *tempo* lento, como yo digo. Alude aquí Baroja a algunas conversaciones que sobre las condiciones actuales de este género literario hemos tenido. Aunque soy bastante indocto en materia de novelas, me ha ocurrido más de una vez ponerme a meditar sobre la anatomía y fisiología de estos cuerpos imaginarios que han constituido la fauna poética más característica de los últimos cien años. Si yo viera que personas mejor tituladas para ello –novelistas y críticos literarios–, se dignaban comunicarnos sus averiguaciones sobre este tema, no me atrevería a editar los pen-

---

1. En el periódico *El Sol*. Luego ha contestado a estas notas mías con un prólogo teórico antepuesto a la novela *La nave de los locos*.

samientos que ocasionalmente han venido a visitarme. Pero la ausencia de más sólidas reflexiones proporciona acaso algún valor a las siguientes ideas que enuncio a la buena de Dios y sin pretender adoctrinar a nadie.

DECADENCIA DEL GÉNERO

Los editores se quejan de que mengua el mercado de la novela. Acaece, en efecto, que se venden menos novelas que antes, y que relativamente aumenta la demanda de libros con contenido ideológico. Si no hubiera otras razones más internas para afirmar la decadencia de este género literario, bastaría ese dato estadístico para sospecharla. Cuando oigo a algún amigo mío, sobre todo a algún joven escritor, que está escribiendo una novela, me extraña sobremanera el tranquilo tono con que lo dice, y pienso que yo, en su caso, temblaría. Tal vez injustamente, pero sin que pueda remediarlo, me ocurre recelar bajo esa tranquilidad una gran dosis de inconsciencia. Porque siempre ha sido cosa muy difícil producir una buena novela. Pero antes para lograrlo bastaba con tener talento. Mas ahora, la dificultad ha crecido en proporción incalculable, porque hoy no basta con tener talento de novelista para crear una buena novela.

Ya el no darse cuenta de esto es un ingrediente de esa inconsciencia a que he aludido. Poco ha reflexionado sobre las condiciones de la obra artística quien no admite la posibilidad de que un género literario se agote. Es gana de hacerse vanas ilusiones y de eliminar cómodamente la cuestión suponer que la creación artística depende sólo de esa capacidad subjetiva e individual que se llama inspiración o talento. Según esto, la decadencia de un género consistiría exclusivamente en la fortuita ausencia de hombres geniales. En cualquier momento la súbita aparición de un genio trae consigo automáticamente el reflorecimiento del género más decaído.

Mas esto del genio y de la inspiración es un expediente mágico cuyo empleo procurará economizar todo el que desee ver las cosas claras. Imagínese a un leñador genial en el desierto del Sáhara. De nada le sirve su músculo elástico y su hacha afilada. El leñador sin bosque donde tajar es una abstracción. Lo propio acontece en el arte. El talento es sólo una disposición subjetiva que se ejerce sobre una materia. Ésta es independiente de las dotes individuales, y cuando falta, de nada sirven genio y destreza.

Toda obra literaria pertenece a un género, como todo animal a una especie. (La idea de Croce, que niega la existencia de géneros artísticos, no ha conseguido dejar la menor huella en la ciencia estética). Y lo mismo el género artístico que la especie zoológica significan un repertorio limitado de posibilidades. Pero como artísticamente sólo cuentan aquellas posibilidades tan diferentes entre sí, que no puedan considerarse como repetición una de otra, resultará que el género artístico es un arsenal de posibilidades muy limitado.

Es un error representarse la novela –y me refiero sobre todo a la moderna– como un orbe infinito, del cual pueden extraerse siempre nuevas formas. Mejor fuera imaginarla como una cantera de vientre enorme, pero finito. Existe en la novela un número definido de temas posibles. Los obreros de la hora prima encontraron con facilidad nuevos bloques, nuevas figuras, nuevos temas. Los obreros de hoy se encuentran, en cambio, con que sólo quedan pequeñas y profundas venas de piedra.

Sobre ese repertorio de posibilidades objetivas que es el género, trabaja el talento. Y cuando la cantera se agota, el talento, por grande que sea, no puede hacer nada. No podrá, ciertamente, decirse nunca con rigor matemático que un género se ha consumido por completo; pero sí puede decirse, en ocasiones, con suficiente aproximación práctica. Por lo menos, cabe a veces afirmar con toda evidencia que escasea la materia.

A mi juicio, esto es lo que hoy acontece en la novela. Es prácticamente imposible hallar nuevos temas. He aquí el primer factor de la enorme dificultad objetiva y no personal que supone componer una novela aceptable en la presente altitud de los tiempos.

Durante cierta época pudieron las novelas vivir de la sola novedad de sus temas. Toda novedad produce mecánicamente, como al abrirse un circuito eléctrico, cierta corriente inducida, que se añade de modo gratuito al valor de la materia. Por eso parecieron legibles muchas novelas que hoy resultan insoportables. Por algo se llama al género «novela», es decir, «novedad». A esta dificultad para hallar nuevos temas se suma otra, acaso más grave. Conforme iba saliendo a la luz el tesoro de los temas posibles, la sensibilidad del público se iba haciendo más rigorosa y exacta. Lo que anteayer hubiera aún aceptado, ya no le sabía ayer. Necesitaba temas de mejor calidad, más insólitos, más «nuevos». De suerte que paralelamente al agotamiento de temas nuevos, crece la exigencia de temas «más nuevos», hasta que se produce en el lector un embotamiento de la facultad de impresionarse. Este es el segundo factor de la dificultad que hoy gravita sobre todo el género.

La prueba de que la decadencia actual no proviene de que las novelas del día sean torpes, sino de razones más hondas, está en que conforme va siendo más difícil escribirlas, van también pareciendo peores o menos buenas las famosas antiguas o «clásicas». Son muy pocas las que se han salvado del naufragio en el aburrimiento del lector.

El fenómeno es inevitable y no debe desanimar a los autores. Al contrario. Porque, en definitiva, nace de que los escritores van enseñando poco a poco al público, le van afinando la percepción y refinando el gusto. Cada obra, más perfecta que la anterior, anula a ésta y a todas las de su nivel. Como en la batalla el vencedor lo es siempre a costa de haber dado muerte a sus enemigos, en arte el triunfo es cruel, y al conseguirlo una obra, aniquila automáticamente legiones de obras que antes gozaban de estimación.

En suma, creo que el género novela, si no está irremediablemente agotado, se halla, de cierto, en su período último y padece una tal penuria de temas posibles, que el escritor necesita compensarla con la exquisita calidad de los demás ingredientes necesarios para integrar un cuerpo de novela.

AUTOPSIA

La verdad es que, salvo uno o dos de sus libros, el gran Balzac nos parece hoy irresistible. Nuestro aparato ocular, hecho a espectáculos más exactos y auténticos, descubre, al punto, el carácter convencional, falso, de *à peu près,* que domina el mundo de la *Comedia humana.* Si se me pregunta por qué la obra de Balzac me parece inaceptable (Balzac mismo, como individuo, es un ejemplar magnífico de humanidad), responderé: «Porque el cuadro que me ofrece es sólo un chafarrinón». ¿Qué diferencia hay entre el chafarrinón y la buena pintura? En la buena pintura, el objeto que ella representa se halla, por decirlo así, en persona, con toda la plenitud de su ser y como en absoluta presencia. En el chafarrinón, por el contrario, el objeto no está presente, sino que hay de él en el lienzo o tabla sólo algunas pobres e inesenciales alusiones. Cuanto más lo miremos, más clara nos es la ausencia del objeto.

Esta distinción, entre mera alusión y auténtica presencia es, en mi entender, decisiva en todo arte; pero muy especialmente en la novela.

Con unas docenas de palabras podríamos referir el tema de *Rojo y Negro.* ¿Qué diferencia hay entre ese tema referido así por nosotros y la novela misma? No se diga que la diferencia radica en el estilo, porque eso es una tontería. Lo importante es que al decir nosotros: «Madame Rênal se enamora de Julián Sorel», no hacemos sino aludir a este hecho, al paso que Stendhal no alude a él, no lo refiere, sino que lo presenta en su realidad inmediata y patente.

Ahora bien; si oteamos la evolución de la novela desde sus comienzos hasta nuestros días, veremos que el género se ha ido desplazando de la pura narración, que era sólo alusiva, a la rigorosa presentación. En un principio, la novedad del tema pudo consentir que el lector gozase

75

con la mera narración. La aventura le interesaba, como nos interesa la relación de lo acontecido a una persona que amamos. Pero pronto dejan de atraer los temas por sí mismos, y entonces lo que complace no es tanto el destino o la aventura de los personajes, sino la presencia de éstos. Nos complace verlos directamente, penetrar en su interior, entenderlos, sentirnos inmersos en su mundo o atmósfera. De narrativo o indirecto se ha ido haciendo el género descriptivo o directo. Fuera mejor decir presentativo. En una larga novela de Emilia Pardo Bazán se habla cien veces de que uno de los personajes es muy gracioso; pero como no le vemos hacer gracia ninguna ante nosotros, la novela nos irrita. El imperativo de la novela es la autopsia. Nada de referirnos lo que un personaje es: hace falta que lo veamos con nuestros propios ojos.

Analícense las novelas antiguas que se han salvado en la estimación de los lectores responsables, y se verá cómo todas emplean ese mismo método autóptico. Más que ninguna, el *Quijote*. Cervantes nos satura de pura presencia de sus personajes. Asistimos a sus auténticas conversaciones y vemos sus efectivos movimientos. La virtud de Stendhal se nutre de la misma fuente.

NO DEFINIR

Es, pues, menester que veamos la vida de las figuras novelescas, y que se evite referírnosla. Toda referencia, relación, narración, no hace sino subrayar la ausencia de lo que se refiere, relata y narra. Donde las cosas están, huelga contarlas.

De aquí que el mayor error estribe en definir el novelista sus personajes.

La misión de la ciencia es elaborar definiciones. Toda ella consiste en un metódico esfuerzo para huir del objeto y llegar a su noción. Ahora bien; la noción o definición no es más que una serie de conceptos, y el concepto, a su vez, no es más que la alusión mental al objeto. El concepto de *rojo* no contiene rojedad ninguna; es él meramente un movimiento de la mente hacia el color así llamado, un signo o indicación que hacemos en dirección a él.

Se ha dicho, por Wundt, si no recuerdo mal, que la forma más primitiva del concepto es el gesto indicativo que ejecutamos con el dedo índice. El niño comienza por querer agarrar todas las cosas que cree siempre próximas a él por insuficiente desarrollo de su perspectiva visual. Después de muchos fracasos renuncia a coger las cosas mismas, y se contenta con ese germen de captar que es extender la mano hacia el objeto en ademán indicativo. Concepto es, en realidad, un mero señalar o designar. A la ciencia no le importan las cosas, sino el sistema de signos que pueda sustituirlas.

El arte tiene una misión contrapuesta, y va del signo habitual a la cosa misma. Le mueve un magnífico apetito de ver. En buena parte tiene razón Fiedler cuando dice que el propósito de la pintura no es más que darnos una visión más plena, más completa de los objetos que la lograda en nuestro trato cotidiano con ellos.

Yo creo que en la novela acaece lo mismo. En sus comienzos pudo creerse que lo importante para la novela es su trama. Luego se ha ido advirtiendo que lo importante no es *lo que* se ve, sino *que* se vea bien algo humano, sea lo que quiera. Mirada desde hoy, la novela primitiva nos parece más puramente narrativa que la actual. Pero esto necesita ser depurado. Tal vez se trata de un error. Tal vez el primitivo lector de novelas era como es el niño que en unas pocas líneas, en un simple esquema, cree ver, con vigorosa presencia, íntegro el objeto. (El arte plástico primitivo y ciertos nuevos descubrimientos psicológicos de extraordinaria importancia prueban esto). En tal caso, la novela no habría en rigor variado: sería su actual forma descriptiva, o, mejor, presentativa, tan sólo el nuevo medio que ha sido preciso emplear para obtener sobre una sensibilidad gastada el mismo efecto que en almas más elásticas producía la narración.

Si en una novela leo: «Pedro era atrabiliario», es como si el autor me invitase a que yo realice en mi fantasía la atrabilis de Pedro, partiendo de su definición. Es decir, que me obliga a ser yo el novelista. Pienso que lo eficaz es, precisamente, lo contrario; que él me dé los hechos visibles para que yo me esfuerce, complacido, en descubrir y definir a Pedro como ser atrabiliario. En suma, ha de hacer como el pintor impresionista, que sitúa en el lienzo los ingredientes necesarios para que yo vea una manzana, dejándome a mí el cuidado de dar a ese material su última perfección. De aquí el fresco sabor que tiene siempre la pintura impresionista. Nos parece que vemos los objetos del cuadro en perpetuo *status nascens.* Y toda cosa tiene en su destino dos instantes de superior dramatismo y ejemplar dinamicidad: su hora de nacer y su hora de fenecer o *status evanescens.* La pintura no impresionista, cualesquiera sean sus restantes virtudes, tal vez en otro orden superior a las de aquél, tiene el inconveniente de que ofrece los objetos ya del todo concluidos, muertos de puro acabados, hieráticos, momificados y como pretéritos. La actualidad, la reciente presencia de las cosas en la obra impresionista, les falta siempre.

LA NOVELA, GÉNERO MOROSO

Según esto, la novela ha de ser hoy lo contrario que el cuento. El cuento es la simple narración de peripecias. El acento en la fisiología del cuento carga sobre éstas. La frescura pueril se interesa en la aventura como tal, acaso porque, como he sugerido, el niño ve con presencia evidente lo que nosotros no podemos actualizar. La aventura no nos interesa hoy, o, a lo sumo, interesa sólo al niño interior que, en forma de residuo un poco bárbaro, todos conservamos. El resto de nuestra persona no participa en el apasionamiento mecánico que la aventura del folletín acaso nos produce. Por eso, al concluir el novelón nos sentimos con mal sabor de boca, como habiéndonos entregado a un goce bajo y vil. Es muy difícil que hoy quepa inventar una aventura capaz de interesar nuestra sensibilidad superior.

Pasa, pues, la aventura, la trama, a ser sólo pretexto, y como hilo solamente que reúne las perlas en collar. Ya veremos por qué este hilo es, por otra parte, imprescindible. Pero ahora me importa llamar la atención sobre un defecto de análisis que nos hace atribuir nuestro aburrimiento en la lectura de una novela a que su «argumento es poco interesante». Si así fuese, podía darse por muerto este género literario. Porque todo el que medite sobre ello un poco, reconocerá la imposibilidad práctica de inventar hoy nuevos argumentos interesantes.

No, no es el argumento lo que nos complace, no es la curiosidad por saber lo que va a pasar a Fulano lo que nos deleita. La prueba de ello está en que el argumento de toda novela se cuenta en muy pocas palabras, y *entonces* no nos interesa. Una narración somera no nos sabe: necesitamos que el autor se detenga y nos haga dar vueltas en torno a los personajes. Entonces nos complacemos al sentirnos impregnados y como saturados de ellos y de su ambiente, al percibirlos como viejos amigos habituales de quienes lo sabemos todo y al presentarse nos revelan toda la riqueza de sus vidas. *Por esto es la novela un género esencialmente retardatario* –como decía no sé si Goethe o Novalis. Yo diría más: hoy es y tiene que ser un género moroso–, todo lo contrario, por tanto, que el cuento, el folletín y el melodrama.

Alguna vez he intentado aclararme de dónde viene el placer –ciertamente modesto– que originan algunas de estas películas americanas, con una larga serie de capítulos, o, como dice el nuevo y absurdo burgués español, de «episodios». (Una obra que se compusiera de episodios sería una comida toda de entremeses y un espectáculo hecho de entreactos). Y con no poca sorpresa he hallado que esa complacencia no procedía nunca del estúpido argumento, sino de los personajes mismos. Me he entretenido en aquellas películas cuyas figuras eran agradables, curiosas, tanto por el papel que representaban como por el acierto con que el físico del actor realizaba su idea. Una película en que el detective y la joven americana sean simpáticos puede durar indefinidamente sin cansancio nuestro. No importa lo que hagan: nos gusta verlos entrar y salir y moverse. No nos interesan por lo que hagan, sino al revés, cualquier cosa que hagan nos interesa, por ser ellos quienes la hacen.

Recuérdese ahora las novelas mayores del pasado que han conseguido triunfar de las enormes exigencias planteadas por el lector del día y se advertirá que la atención nuestra va más a los personajes por sí mismos que a sus aventuras. Son Don Quijote y Sancho quienes nos divierten, no lo que les pasa. En principio, cabe imaginar un *Quijote* de igual valor que el auténtico, donde acontezcan al caballero y su criado otras aventuras muy diferentes. Lo propio acaece con Julián Sorel o con David Copperfield.

FUNCIÓN Y SUBSTANCIA

Nuestro interés se ha transferido, pues, de la trama a las figuras, de los actos a las personas. Ahora bien –y vaya dicho como un intermedio–; este desplazamiento coincide con el que en la ciencia física, y sobre todo en la filosofía, se inicia desde hace veinte años. Desde Kant a 1900 predomina una exacerbada tendencia a eliminar de la teoría las sustancias y sustituirlas por las funciones. En Grecia, en la Edad Media, se decía *operari sequitur esse,* los actos son consecuencia y derivados de la esencia. En el siglo XIX se considera como un ideal lo contrario: *esse sequitur operari,* el ser no es más que el conjunto de sus actos o funciones.

¿Por ventura, tornamos hoy de las acciones a la persona, de la función a la substancia? Esto equivaldría a un síntoma de clasicismo emergente.

Pero esto merece un poco más de comentario y nos invita a buscar una orientación en el confrontamiento del teatro clásico francés y el teatro español castizo.

DOS TEATROS

Pocas cosas pueden orientar tan delicadamente sobre la diferencia en los destinos de España y Francia como la diferencia de estructura entre el teatro clásico francés y el nuestro castizo. No llamo también clásico a éste porque, sin mermar porción alguna de su valor, es forzoso negarle todo carácter de clasicismo. Se trata, ante todo, de un arte popular y no creo que haya en la historia nada que siendo popular haya resultado clásico. La tragedia francesa es, por el contrario, un arte para aristocracias. Comienza, pues, a diverger de nuestro teatro en la clase de público a que se dirige. Su intención estética es, asimismo, próximamente inversa de la que mueve a nuestros populares dramaturgos, y me refiero, claro está, a la totalidad de ambos estilos, sin negar que en uno y otro aparezcan excepciones, encargadas como siempre de confirmar la regla.

La tragedia francesa reduce al mínimum la acción. No sólo en el sentido de las tres unidades (ya veremos la utilidad de éstas para la novela «que hay que hacer»), sino más aún, porque la historia referida se reduce a las menores proporciones. Nuestro teatro acumula todas las aventuras y peripecias que puede. Se advierte que el autor necesita entretener a un público apasionado por andanzas materialmente difíciles, insólitas y peligrosas. El trágico francés procura, sobre el cañamazo de una «historia» muy conocida y que por sí misma no interesa, destacar sólo tres o cuatro momentos significativos. Elude la aventura o peripecia externa: los sucesos le sirven sólo para plantear ciertos problemas íntimos. Autor y público se complacen no tanto en las pasiones de los personajes y sus dramáticas consecuencias como en el análisis de esas pasiones. En nuestro teatro, por el contrario, no es frecuente, o, por lo menos, no es importante la anatomía psicológica de los sentimientos y caracteres. Se parte de éstos tomándolos en bloque y por de fuera, y se usa de ellos como de un trampolín para que el drama o aventura dé su gran brinco elástico. Otra cosa hubiera aburrido al público de los «corrales» españoles, compuesto de almas sencillas, más ardientes que contemplativas.

No es, sin embargo, el análisis psicológico la intención última de la tragedia francesa. Sirve, más bien, de mero aparato para otra cosa que evidentemente enlaza aquélla con el teatro griego y romano. (Es incalculable la influencia de las tragedias de Séneca en la dramaturgia francesa clásica). El público noble se complace en el carácter ejemplar y normativo del suceso trágico. Más que para angustiarse con el destino torturado de Fedra o Atalía, asiste a la obra escénica para entonarse con la ejemplaridad de estas figuras magnánimas. En el fondo, el teatro francés es una contemplación ética y no un apasionamiento vital como el nuestro. No es una acción cualquiera, no es una serie de peripecias éticamente neutras lo que presenta, sino un tipo ejemplar de reacciones, un repertorio de gestos normativos ante los grandes casos de la existencia. Los personajes son, en efecto, héroes, naturalezas de selección, normas de magnanimidad, humanos *standards*. Por eso no concebía este teatro más personajes que reyes y magnates, criaturas exentas de las urgencias primarias de la vida, cuya energía exuberante podía vacar a conflictos puramente morales. Aunque desconociésemos la sociedad francesa de entonces, la lectura de estas tragedias nos invitaría a suponer frente a ellas un público preocupado de aprender altas formas de decoro y anheloso de su propio perfeccionamiento. El estilo es siempre mesurado y de técnica noble: no se concibe en él la grosería que da tal vez un gracioso colorido, ni el frenesí postremo. La pasión no se abandona nunca a sí misma y procede con rigorosa corrección de modales, conteniéndose dentro de los cauces de leyes poéticas, urbanas y hasta gramaticales. El arte trágico francés es el arte de no abandonarse, antes bien, de buscar siempre para el gesto y el verbo la norma mejor que debe regularlos. En suma, transparece en él ese afán de selección, de mejoramiento reflexivo que ha permitido a Francia, generación tras generación, pulir su vida y su raza.

Lo orgiástico, el abandono es característico de lo popular en todo orden. Así las religiones populares se han entregado siempre a ritos de orgía contra los cuales ha combatido perpetuamente la religión de los espíritus selectos. El brahmán combate la magia, el mandarín confuciano la superstición taoísta, el concilio católico los orgasmos místicos. Cabría resumir las dos actitudes vitales más antagónicas que existen diciendo que para la una –la noble, exigente– el ideal de la existencia es no abandonarse, eludir la orgía, al paso que para la otra –la popular– vivir es entregarse a la emoción invasora y buscar en la pasión, el rito o el alcohol, el frenesí y la inconsciencia.

El público español buscaba algo de esto último en los dramas ardientes que nuestros poetas fabricaban. Y ello confirma, por ruta bien inesperada, la condición de pueblo «pueblo» que alguna vez he creído descubrir en la historia entera de nuestra España. No selección y modo, sino pasión y abandono. Sin duda, que esta sed alcohólica de apasionamiento posee escasa grandeza. Yo no trato ahora de comparar valores de razas ni de estilos, sino que únicamente describo a la ligera dos temperamentos contrarios.

En general, la personalidad de hombres y mujeres es borrosa en nuestro teatro. No son sus personas lo más interesante, sino que se les hace rodar por el mundo, correr las cuatro partidas, arrastrados por un torbellino de aventuras. Damas despeinadas perdidas en sierras, que ayer, acicaladas, aparecían en el fondo semioscuro del estrado y mañana, disfrazadas de moras, pasarán por el puerto de Constantinopla. ¡Amores súbitos y como mágicos que arrebatan los corazones incandescentes y sin peso! Esto era lo que atraía a nuestros antepasados. En un delicioso artículo de *Azorín* se describe una representación de corral en un pueblo castizo, y hay un momento, cuando el galán en peligro aprovecha la hora dificilísima para decir su amor a la dama en versos coruscantes, chisporroteantes como teas, de una deleitosa retórica llena de volutas barrocas, cargada de imágenes, por donde cruza toda la fauna y toda la flora –la retórica que en la plástica da las cartelas postrenacentistas con sus trofeos, sus frutos, sus banderolas y sus cráneos de chivo o carnero– en que a un licenciado cincuentón, que presencia la escena, se le enardecen los negros ojos sobre la faz cetrina y con una mano nerviosa acaricia su perilla grisienta. Esta nota de *Azorín* me ha enseñado más sobre el teatro español que cuantos libros he leído[1]. Materia para enardecimiento fue el género –es decir, lo más opuesto a norma de perfección que pretendió ser el género francés. No para contemplar un perfil ejemplar iba el buen castellano a ver la comedia famosa, sino para dejarse arrebatar, para embriagarse en el torrente de aventuras y trances de los personajes. Sobre la intrincada y varia trama del argumento bordaba el poeta su rebuscada fluencia verbal, archiflorida de metáforas relampagueantes en un vocabulario lleno de sombras profundas y reflejos brillantes, muy parecidos a los retablos del mismo siglo. Junto al fuego de los destinos apasionantes, hallaba el público el incendio de imaginación, el formidable fuego artificial de las cuartetas lopescas o calderonianas.

La sustancia de placer que encierra nuestro teatro es del mismo linaje dionisíaco que el arrobo místico de los frailes y monjitas del tiempo, grandes bebedores de exaltación. Nada contemplativo, repito. Para contemplar son precisas frialdad y distancia entre nosotros y el objeto. El que quiera contemplar un torrente lo primero que debe hacer es procurar no ser arrastrado por él.

Vemos, pues, en ambos teatros dos propósitos artísticos contrapuestos: en el drama castellano lo esencial es

---

1. Véase el ensayo de Américo Castro al frente de un tomo de Tirso en los admirables *Clásicos castellanos* de *La Lectura*.

la peripecia, el destino accidentado y junto a ello la lírica ornamentación del verso estofado. En la tragedia francesa, lo más importante es el personaje mismo, su calidad ejemplar y paradigmática. Por esta razón, Racine nos parece frío y monócromo. Diríamos que se nos hace ingresar en un jardín donde hablan unas estatuas y fatigan nuestra admiración presentándonos el mismo modelo de gesto. En Lope de Vega, por el contrario, hallamos más bien pintura que escultura. Un vasto lienzo lleno de tinieblas y luminosidades, donde todo alienta colorido y gesticulante, el noble y el plebeyo, el arzobispo y el capitán, la reina y la serrana, gente inquieta, decidora, abundante, extremada, que va y viene locamente, sin rangos y sin normas, como una pululación de infusorios en la gota de agua. Para ver la masa espléndida de nuestro teatro, no conviene abrir mucho los ojos, como quien persigue la línea de un perfil, sino más bien entornarlos, con gesto de pintor, con el gesto de Velázquez mirando a las meninas, a los enanos y a la pareja real.

Yo creo que este punto de vista es el que nos permite ver hoy nuestro teatro bajo el ángulo más favorable. Los entendidos en literatura española –yo sé muy poco de ella– deberían ensayar su aplicación. Tal vez resulte fecundo y dirija el análisis hasta los valores efectivos de aquella gigantesca cosecha poética.

Ahora no pretendía yo otra cosa que contraponer un arte de figuras a un arte de aventuras. Pues sospecho que la novela de alto estilo tiene hoy que tornar, aunque en otro giro, de éstas a aquéllas y más bien que inventar tramas por sí mismas interesantes –cosa prácticamente imposible–, idear personas atractivas.

DOSTOYEWSKY Y PROUST

En tanto que otros grandes declinan, arrastrados hacia el ocaso por la misteriosa resaca de los tiempos, Dostoyewsky se ha instalado en lo más alto. Tal vez haya un poco de exceso en el fervor actual por su obra, y yo quisiera reservar mi juicio sobre ella para una hora de mayor holgura. Pero de todas suertes, no es dudoso que Dostoyewsky se ha salvado del general naufragio padecido por la novela del siglo pasado en lo que va del corriente. Y es el caso que las razones emitidas casi siempre para explicar este triunfo, esta capacidad de supervivencia, me parecen erróneas. Se atribuye el interés que sus novelas suscitan a su materia: el dramatismo misterioso de la acción, el carácter extremadamente patológico de los personajes, el exotismo de estas almas eslavas, tan diferentes en su caótica complexión de las nuestras, pulidas, aristadas y claras. No niego que todo ello colabore en el placer que nos causa Dostoyewsky; pero no me parece suficiente para explicarlo. Es más, cabría considerar tales ingredientes como factores negativos, más propios para enojarnos que para atraernos. Recuerde el que ha leído estas novelas que envuelta en la complacencia dejaba en él su lectura cierta impresión penosa, desapacible y como turbia.

La materia no salva nunca a una obra de arte, y el oro de que está hecha no consagra a la estatua. La obra de arte vive más de su forma que de su material y debe la gracia esencial que de ella emana a su estructura, a su organismo. Esto es lo propiamente artístico de la obra, y a ello debe atender la crítica artística y literaria. Todo el que posee delicada sensibilidad estética, presentirá un signo de filisteísmo en que, ante un cuadro o una producción poética, señale alguien como lo decisivo el «asunto». Claro es que sin éste no existe obra de arte, como no hay vida sin procesos químicos. Pero lo mismo que la vida no se reduce a éstos, sino que empieza a ser vida cuando a la ley química agrega su original complicación de nuevo orden, así la obra de arte lo es merced a la estructura formal que impone a la materia o al asunto.

Siempre me ha extrañado que aun a las personas del oficio se les resista reconocer como lo verdaderamente sustancioso del arte, lo formal, que al vulgo parece como abstracto e inoperante.

El punto de vista del autor o del crítico no puede ser el mismo que el del lector incalificado. A éste le importa sólo el efecto último y total que la obra le produzca y no se preocupa de analizar la génesis de su placer.

Así acaece que se ha hablado mucho de lo que pasa en las novelas de Dostoyewsky, y apenas nada de su forma. Lo insólito de la acción y de los sentimientos que este formidable escritor describe ha detenido la mirada del crítico y no le ha dejado penetrar en lo más hondo del libro que, como en toda creación artística, es siempre lo que parece más adjetivo y superficial: la estructura de la novela como tal. De aquí una curiosa ilusión óptica. Se atribuye a Dostoyewsky el carácter inconsciente, turbulento de sus personajes y se hace del novelista mismo una figura más de sus novelas. Éstas parecen engendradas en una hora de éxtasis demoníaco por algún poder elemental y anónimo, pariente del rayo y hermano del vendaval.

Pero todo eso es magia y fantasmagoría. La mente alerta se complace en todas esas imágenes cosmogónicas, pero no las toma en serio, y prefiere, al cabo, ideas claras. Podrá ser cierto que el hombre Dostoyewsky fuese un pobre energúmeno, o, si gusta más, un profeta; pero el novelista Dostoyewsky fue un *homme de lettres*, un solícito oficial de un oficio admirable, nada más. Sin lograrlo del todo, yo he intentado muchas veces convencer a Baroja de que Dostoyewsky era, antes que otra cosa, un prodigioso técnico de la novela, uno de los más grandes innovadores de la forma novelesca.

No hay ejemplo mejor de lo que he llamado morosidad propia a este género. Sus libros son casi siempre de muchas páginas, y, sin embargo, la acción presentada suele ser brevísima. A veces necesita dos tomos para describir un acaecimiento de tres días, cuando no de unas horas. Y, sin embargo, ¿hay caso de mayor intensidad? Es un error creer que ésta se obtiene contando muchos sucesos. Todo lo contrario: pocos y sumamente detallados, es decir, realizados. Como en tantas otras cosas, rige aquí también el *non multa, sed multum*. La densidad se obtiene, no por yuxtaposición de aventura a aventura, sino por dilatación de cada una mediante prolija presencia de sus menudos componentes.

La concentración de la trama en tiempo y lugar, característica de la técnica de Dostoyewsky, nos hace pensar en un sentido insospechado que recobran las venerables «unidades» de la tragedia clásica. Esta norma, que invitaba, sin que se supiese por qué, a una continencia y limitación, aparece ahora como un fértil recurso para obtener esa interna densidad, esa como presión atmosférica dentro del volumen novelesco.

No duele nunca a Dostoyewsky llenar páginas y páginas con diálogos sin fin de sus personajes. Merced a este abundante flujo verbal, nos vamos saturando de sus almas, van adquiriendo las personas imaginarias una evidente corporeidad que ninguna definición puede proporcionar.

Es sobremanera sugestivo sorprender a Dostoyewsky en su astuto comportamiento con el lector. Quien no mire atentamente creerá que el autor define cada uno de sus personajes. En efecto, casi siempre que va a presentar alguno comienza por referirnos brevemente su biografía en forma tal, que nos parece poseer, desde luego, una definición suficiente de su índole y facultades. Pero apenas comienza, en efecto, a actuar –es decir, a conversar y ejecutar acciones–, nos sentimos despistados. El personaje no se comporta según la figura que aquella presunta definición nos prometía. A la primera imagen conceptual que de él se nos dio, sucede una segunda donde le vemos directamente vivir, que no nos es ya definida por el autor y que discrepa notablemente de aquélla. Entonces comienza en el lector, por un inevitable automatismo, la preocupación de que el personaje se le escapa en la encrucijada de esos datos contradictorios, y, sin quererlo, se moviliza en su persecución, esforzándose en interpretar los síntomas contrapuestos para conseguir una fisonomía unitaria; es decir, se ocupa en definirlo él. Ahora bien; esto es lo que nos acontece en el trato vital con las gentes. El azar las conduce ante nosotros, las filtra en el orbe de nuestra vida individual sin que nadie se encargue oficialmente de definírnoslas. En todo momento hallamos delante su realidad difícil, no su sencillo concepto. Y este no poseer nunca su secreto suficiente, esta relativa indocilidad del prójimo a ajustarse por completo a nuestras ideas sobre él, es lo que le da independencia de nosotros y nos hace sentirlo como algo real, efectivo y trascendente de nuestras imaginaciones. Por donde llegamos a una advertencia inesperada: que el «realismo» –llamémosle así para no complicar– de Dostoyewsky no está en las cosas y hechos por él referidos, sino en el modo de tratar con ellos a que se ve obligado el lector. No es la materia de la vida lo que constituye su «realismo», sino la forma de la vida.

En esta estratagema de despistar al lector llega Dostoyewsky a la crueldad. Porque no sólo evita aclararnos sus figuras mediante anticipaciones definidoras de cómo son, sino que la conducta de los personajes varía de etapa en etapa, presentándonos haces diferentes de cada persona, que así nos parecen irse formando e integrando poco a poco ante nuestros ojos. Elude Dostoyewsky la estilización de los caracteres y se complace en que transparezcan sus equívocos, como acontece en la existencia real. El lector se ve forzado a reconstruir entre vacilaciones y correcciones, temeroso siempre de haber errado, el perfil definitivo de estas mudables criaturas.

A éste y otros artificios debe Dostoyewsky la sin par cualidad de que sus libros –mejores o peores– no parecen nunca falsos, convencionales. El lector no tropieza nunca con los bastidores del teatro, sino que, desde luego, se siente sumergido en una cuasi-realidad perfecta, siempre auténtica y eficaz. Porque la novela exige –a diferencia de otros géneros poéticos– que no se la perciba como tal novela, que no se vea el telón de boca ni las tablas del escenario. Balzac, leído hoy, nos despierta de nuestro ensueño novelesco a cada página, porque nos golpeamos contra su andamiaje de novelista. Sin embargo, la condición más importante de la estructura que Dostoyewsky proporciona a la novela es más difícil de explicar y prefiero referirme a ella posteriormente.

Conviene, en cambio, hacer constar desde ahora que ese hábito de no definir, antes bien, de despistar, esa continua mutación de los caracteres, esa condensación en tiempo y lugar, en fin, esa morosidad o *tempo lento* no son uso exclusivo de Dostoyewsky. Todas las novelas que aun pueden leerse hoy coinciden más o menos en su empleo. Sirva de ejemplo occidental Stendhal en todos sus libros mayores. El *Rojo y Negro*, que, por ser una novela biográfica, refiere algunos años de la vida de un hombre, está compuesta en forma de tres o cuatro cuadros, cada uno de los cuales se comporta en su interior como una novela entera del maestro ruso.

El último gran libro novelesco –la ingente obra de Proust– declara todavía más esa secreta estructura, llevándola en cierto modo a su exageración.

En Proust, la morosidad, la lentitud llega a su extremo y casi se convierte en una serie de planos estáticos, sin movimiento alguno, sin progreso ni tensión. Su lectura nos convence de que la medida de la lentitud conveniente se ha traspasado. La trama queda casi anulada y se borra el postrer resto de interés dramático. La novela queda así reducida a pura descripción inmóvil, y exagerado con exclusivismo el carácter difuso, atmosférico, sin acción concreta que es, en efecto, esencial al género. Notamos que le falta el esqueleto, el sostén rígido y tenso, que son los alambres en el paraguas. Deshuesado el cuerpo novelesco se convierte en nube informe, en plasma sin figura, en pulpa sin dintorno. Por esta razón, he dicho antes que aunque la trama o acción posee un papel mínimo en la novela actual, en la novela posible no cabe eliminarla por completo y conserva la función, ciertamente no más que mecánica, del hilo en el collar de perlas, de los alambres en el paraguas, de las estacas en la tienda de campaña.

Mi idea –que antes de ser rechazada por el lector merece de su parte, créame, alguna meditación– es, pues, que el llamado interés dramático carece de valor estético en la novela, pero es una necesidad mecánica de ella. La razón de esta necesidad se origina en la ley general del alma humana, que merece siquiera una breve exposición.

ACCIÓN Y CONTEMPLACIÓN

Hace más de diez años que en las *Meditaciones del Quijote* atribuía yo a la novela moderna, como su misión esencial, describir una atmósfera a diferencia de otras formas épicas –la epopeya, el cuento, la novela de aventuras, el melodrama y el folletín– que refieren una acción concreta, de línea y curso muy definidos. Frente a la acción concreta, que es un movimiento lo más rápido posible hacia una conclusión, lo atmosférico significa algo difuso y quieto. La acción nos arrebata en su dramática carrera; lo atmosférico, en cambio, nos invita simplemente a su contemplación. En la pintura representa el paisaje un tema atmosférico, donde «no pasa nada», mientras el cuadro de historia narra una hazaña perfilada, un suceso de forma escueta. No es un azar que con motivo del paisaje se inventase la técnica del *plein air,* es decir, de la atmósfera.

Posteriormente sólo he tenido ocasión de afirmarme en aquel primer pensamiento, porque el gusto del público mejor y los intentos más gloriosos de los autores recientes acusaban cada vez con mayor claridad ese destino de la novela como género difuso. La última creación de alto estilo, que es la obra de Proust, lleva el problema a su máxima evidencia: en ella se extrema hasta la más superlativa exageración el carácter no dramático de la novela. Proust renuncia del todo a arrebatar al lector mediante el dinamismo de una acción y le deja en una actitud puramente contemplativa. Ahora bien, este radicalismo es causa de las dificultades y la insatisfacción que el lector encuentra en la lectura de Proust. Al pie de cada página, pediríamos al autor un poco de interés dramático, aun reconociendo que no es éste, sino lo que el autor nos ofrece con tan excesiva abundancia, el manjar más delicioso. Lo que el autor nos ofrece es un análisis microscópico de almas humanas. Con un ápice de dramatismo –porque, en rigor, nos contentaríamos con casi nada– la obra hubiera resultado perfecta.

¿Cómo se compagina esto? ¿Por qué necesitamos para leer una novela que estimamos cierto mínimum de acción que no estimamos? Yo creo que todo el que reflexione un poco rigorosamente sobre los componentes de su placer al leer las grandes novelas tropezará con idéntica antinomia.

El que una cosa sea necesaria para otra no implica que sea por sí misma estimable. Para descubrir el crimen hace falta el delator, mas no por eso estimamos la delación.

El arte es un hecho que acontece en nuestra alma al ver un cuadro o leer un libro. A fin de que este hecho se produzca es menester que funcione bien nuestro mecanismo psicológico, y toda la serie de sus exigencias mecánicas será ingrediente necesario de la obra artística, pero no posee valor estético o lo tendrá sólo reflejo y derivado. Pues bien, yo diría que el interés dramático es una necesidad psicológica de la novela, nada más, pero, claro está, nada menos. De ordinario, no se piensa así. Suele creerse que es la trama sugestiva uno de los grandes factores estéticos de la obra, y consecuentemente se pedirá la mayor cantidad de ella posible. Yo creo inversamente que siendo la acción un elemento no más que mecánico, es estéticamente peso muerto, y, por tanto, debe reducirse al mínimum. Pero a la vez, y frente a Proust, considero que este mínimum es imprescindible.

La cuestión trasciende del círculo de la novela, y aun del arte todo, para adquirir las más vastas proporciones en filosofía. Recuerdo haber tratado varias veces este tema con alguna longitud en mis cursos universitarios.

Se trata nada menos que del antagonismo o mutualidad entre acción y contemplación. Dos tipos de hombre se oponen: el uno aspira a la pura contemplación; el otro prefiere actuar, intervenir, apasionarse. Sólo se entera uno de lo que son las cosas en la medida que las contempla. El interés nubla la contemplación haciéndonos tomar partido, cegándonos para lo uno, mientras derrama un exceso de luz sobre lo otro. La ciencia adopta, desde luego, esta actitud contemplativa, resuelta a no hacer más que espejar castamente la fisonomía multiforme del cosmos. El arte es, asimismo, un deleitarse en la contemplación.

Aparecen de esta suerte el contemplar y el interesarse como dos formas polares de la conciencia que, en principio, mutuamente se excluyen. Por eso el hombre de acción suele ser un pensador pésimo o nulo, y el ideal del sabio, por ejemplo, en el estoicismo, hace de éste un ser desenganchado de todas las cosas, inactivo, con alma de laguna inmóvil que refleja impasible los cielos transeúntes.

Pero esta contraposición radical es, como todo radicalismo, una utopía del espíritu geométrico. La pura contemplación no existe, no puede existir. Si exentos de todo interés concreto nos colocamos ante el universo, no lograremos ver nada bien. Porque el número de cosas que con igual derecho solicitan nuestra mirada es infinito. No habría más razón para que nos fijásemos en un punto más que en otro, y nuestros ojos, indiferentes, vagarían de aquí para allá, resbalando, sin orden ni perspectiva, sobre el paisaje universal, incapaces de fijarse en nada. Se olvida demasiado la humilde perogrullada de que para ver hay que mirar, y para mirar hay que fijarse, es decir, hay que atender. La atención es una preferencia que subjetivamente otorgamos a unas cosas en perjuicio de otras. No se puede atender a aquéllas sin desatender éstas. Viene a ser, pues, la atención un foco de iluminación favorable que condensamos sobre una zona de objetos, dejando en torno a ella una zona de penumbra y desatención.

La pura contemplación pretende ser una rigorosa imparcialidad de nuestra pupila, que se limita a reflejar el espectáculo de la realidad, sin permitirse el sujeto la menor intervención ni deformación de él. Pero ahora advertimos que tras ella, como supuesto ineludible, funciona el mecanismo de la atención que dirige la mirada desde dentro del sujeto y vierte sobre las cosas una perspectiva, un modelado y jerarquía, oriundos de su fondo personal. No se atiende a lo que se ve, sino al contrario, se ve bien sólo aquello a que se atiende. La atención es un *a priori* psicológico que actúa en virtud de preferencias afectivas, es decir, de intereses.

La nueva psicología se ha visto obligada a trastornar paradójicamente el orden tradicional de las facultades mentales. El escolástico, como el griego, decía: *ignoti nulla cupido* —de lo desconocido no hay deseo, no interesa. La verdad es, más bien, lo contrario; sólo conocemos bien aquello que hemos deseado en algún modo, o, para hablar más exactamente, aquello que previamente nos interesa. Cómo es posible interesarse en lo que aún no se conoce, constituye la abrupta paradoja que he intentado aclarar en mi *Iniciación en la Estimativa*[1].

Sin rozar ahora asunto de tan elevado rango, basta con que cada cual descubra en su propio pasado cuáles fueron las circunstancias en que aprendió más del mundo, y advertirá que no fueron aquéllas en que se propuso deliberadamente ver y sólo ver. No es el paisaje que visitamos, como turistas, el que hemos visto mejor. Notorio es que, en últimas cuentas, el turista no se entera bien de nada. Resbala sobre la urbe o la comarca sin oprimirse contra ellas y forzarlas a rendir gran copia de su contenido. Y, sin embargo, parece que, en principio, había de ser el turista,

1. Véase en [«Introducción a una estimativa.– ¿Qué son los valores?», en el tomo III de sus] *Obras completas*. [Madrid, Taurus / Fundación José Ortega y Gasset, 2004-2010].

ocupado exclusivamente en contemplar, quien mayor botín de noticias lograse. Al otro extremo se halla el labriego, que tiene con la campiña una relación puramente interesada. Todo el que ha solido caminar tierra adentro ha notado con sorpresa la ignorancia que del campo padece el campesino. No sabe de cuanto le rodea más que lo estrictamente atañedero a su interés utilitario de agricultor.

Esto indica que la situación prácticamente óptima para conocer –es decir, para absorber el mayor número y la mejor calidad de elementos objetivos–, es intermediaria entre la pura contemplación y el urgente interés. Hace falta que algún interés vital, no demasiado premioso y angosto, organice nuestra contemplación, la confine, limite y articule, poniendo en ella una perspectiva de atención. Con respecto al campo puede asegurarse que *ceteris paribus* es el cazador, el cazador de afición, quien suele conocer mejor la comarca, quien logra contacto más fértil con más lados o facetas del multiforme terruño. Parejamente no hemos visto bien otras ciudades que aquéllas donde hemos vivido enamorados. El amor concentraba nuestro espíritu sobre su deleitable objeto, dotándonos de una hipersensibilidad de absorción que se derramaba sobre el contorno, sin necesidad de hacerlo centro deliberado de la visión.

Los cuadros que más nos han penetrado no son los del Museo, donde hemos ido a «ver cuadros» sino, tal vez, la humilde tabla en la entreluz de un aposento donde la existencia nos llevó con muy otras preocupaciones. En el concierto fracasa la música que, a lo mejor, yendo por la calle, sumidos en interesadas reflexiones, oímos tocar a un ciego y nos compunge el corazón.

Es evidente que el destino del hombre no es primariamente contemplativo. Por eso es un error que para contemplar, la condición mejor es ponerse a contemplar, esto es, hacer de ello un acto primario. En cambio, dejando a la contemplación un oficio secundario y montando en el alma el dinamismo de un interés, parece que adquirimos el máximo poder absorbente y receptivo.

Si no fuera así, el primer hombre, colocado ante el cosmos, lo habría traspasado íntegramente con su pupila, lo habría visto entero. Mas lo acaecido fue más bien, que la humanidad sólo ha ido viendo el universo trozo a trozo, círculo tras círculo, como si cada una de sus situaciones vitales, de sus afanes, menesteres e intereses le hubiese servido de órgano perceptivo con que otear una breve zona circundante.

De donde resulta que lo que parece estorbo a la pura contemplación –ciertos intereses, sentimientos, necesidades, preferencias afectivas– son justamente el instrumento ineludible de aquélla. De todo destino humano que no sea monstruosamente torturado puede hacerse un magnífico aparato de contemplación –un observatorio–, en forma tal que ningún otro, ni siquiera los que en apariencia son más favorables, pueda sustituirlo. Así, la vida más humilde y doliente es capaz de recibir una consagración teórica, una misión de sabiduría intransferible, si bien sólo ciertos tipos de existencia poseen las condiciones óptimas para el mejor conocimiento.

Pero dejemos estas lejanías y retengamos únicamente la advertencia de que sólo a través de un mínimo de acción es posible la contemplación. Como en la novela el paisaje y la fauna que se nos ofrece son imaginarios, hace falta que el autor disponga en nosotros algún interés imaginario, un mínimo apasionamiento que sirva de soporte dinámico y de perspectiva a nuestra facultad de ver. Conforme la perspicacia psicológica se ha ido desarrollando en el lector, ha disminuido su sed de dramatismo. El hecho es afortunado, porque hoy se encuentra el novelista con la imposibilidad de inventar grandes tramas insólitas para su obra. A mi juicio, no debe preocuparle. Con un poco de tensión y movimiento le basta. Ahora que ese poco es inexcusable. Proust ha demostrado la necesidad del movimiento escribiendo una novela paralítica.

LA NOVELA COMO «VIDA PROVINCIANA»

Por tanto, hay que invertir los términos: la acción o trama no es la sustancia de la novela, sino, al contrario, su armazón exterior, su mero soporte mecánico. La esencia de lo novelesco –adviértase que me refiero tan sólo a la novela moderna– no está en lo que pasa, sino precisamente en lo que no es «pasar algo», en el puro vivir, en el ser y el estar de los personajes, sobre todo en su conjunto o ambiente. Una prueba indirecta de ello puede encontrarse en el hecho de que no solemos recordar de las mejores novelas los sucesos, las peripecias por que han pasado sus figuras, sino sólo a éstas, y citarnos el título de ciertos libros, equivale a nombrarnos una ciudad donde hemos vivido algún tiempo; al punto rememoramos un clima, un olor peculiar de la urbe, un tono general de las gentes y un ritmo típico de existencia. Sólo después, si es caso, acude a nuestra memoria alguna escena particular.

Es, pues, un error que el novelista se afane mayormente por hallar una «acción». Cualquiera nos sirve. Para mí ha sido siempre un ejemplo clásico de la independencia en que el placer novelesco se halla de la trama, una obra que Stendhal dejó apenas mediada y se ha publicado con títulos diversos: *Luciano Leuwen*, *El cazador verde*, etcétera. La porción existente alcanza una abundante copia de páginas. Sin embargo, allí no pasa nada. Un joven oficial llega a una capital de departamento y se enamora de una dama que pertenece al señorío provinciano. Asistimos únicamente a la minuciosa germinación del delectable sentimiento en uno y otro ser; nada más. Cuando la acción va a enredarse, lo escrito termina, pero quedamos con la impresión de que hubiéramos podido seguir indefinidamente leyendo páginas y páginas en que se nos hablase de aquel rincón francés, de aquella dama legitimista, de aquel joven militar con uniforme de color amaranto.

¿Y para qué hace falta más que esto? Y, sobre todo, téngase la bondad de reflexionar un poco sobre qué podía ser lo «otro» que no es esto, esas «cosas interesantes», esas peripecias maravillosas... En el orden de la novela, eso no existe (no hablamos ahora del folletín o del cuento de aventuras científicas al modo de Poe, Wells, etcétera). La vida es precisamente cuotidiana. No es más allá de ella, en lo extraordinario, donde la novela rinde su gracia específica, sino más acá, en la maravilla de la hora simple y sin leyenda[1]. No se puede pretender

1. Esta afirmación estética de lo cuotidiano y la exclusión rigorosa de todo lo maravilloso es la nota más esencial que define el género «novela» en el sentido de esta palabra que importa para el presente ensayo.

interesarnos en el sentido novelesco mediante una ampliación de nuestro horizonte cuotidiano, presentándonos aventuras insólitas. Es *preciso operar al revés*, angostando todavía más el horizonte del lector. Me explicaré.

Si por horizonte entendemos el círculo de seres y acontecimientos que integran el mundo de cada cual, podríamos cometer el error de imaginar que hay ciertos horizontes tan amplios, tan variados, tan heteróclitos, que son verdaderamente interesantes, al paso que otros son tan reducidos y monótonos, que no cabe interesarse en ellos. Se trata de una ilusión. La señorita de *comptoir* supone que el mundo de la duquesa es más dramático que el suyo; pero de hecho acaece que la duquesa se aburre en su orbe luminoso, lo mismo que la romántica contable en su pobre y oscuro ámbito. Ser duquesa es una forma de lo cuotidiano como otra cualquiera.

La verdad es, pues, lo contrario de esa imaginación. No hay ningún horizonte que por sí mismo, por su contenido peculiar, sea especialmente interesante, sino que todo horizonte, sea el que fuere, ancho o estrecho, iluminado o tenebroso, vario o uniforme, puede suscitar su interés. Basta para ello con que nos adaptemos vitalmente a él. La vitalidad es tan generosa que acaba por encontrar en el más sórdido desierto pretextos para enardecerse y vibrar. Viviendo en la gran ciudad no comprendemos

---

Es de esperar que el lector no se rinda al equívoco accidental del lenguaje, que usa el mismo nombre para denominar el libro de caballerías y su opuesto el *Quijote*. En rigor, para hallar las condiciones de la novela, en el sentido más actual del término, bastaría con reflexionar sobre cómo puede estar constituida una producción épica que elimina formalmente todo lo extraordinario y maravilloso.

cómo puede alentarse en el villorrio. Pero si el azar nos sumerge en él, al cabo de poco tiempo nos sorprendemos apasionados por las pequeñas intrigas del lugar. Acaece como con la belleza femenina a los que van a Fernando Poo; al llegar sienten asco hacia las mujeres indígenas; pero no pasa mucho tiempo sin que la repulsión se domestique y acaben por parecer las hembras *bubis* princesas de Westfalia.

Esto es, a mi juicio, de máxima importancia para la novela. La táctica del autor ha de consistir en aislar al lector de su horizonte real y aprisionarlo en un pequeño horizonte hermético e imaginario que es el ámbito interior de la novela. En una palabra, tiene que *apueblarlo*, lograr que se interese por aquella gente que le presenta, la cual, aun cuando fuese la más admirable, no podría colidir con los seres de carne y hueso que rodean al lector y solicitan constantemente su interés. Hacer de cada lector un «provinciano» transitorio es, en mi entender, el gran secreto del novelista. Por eso decía antes que en vez de querer agrandar su horizonte –¿qué horizonte o mundo de novela puede ser más vasto y rico que el más modesto de los efectivos?– ha de tender a contraerlo, a confinarlo. Así y sólo así se interesará por lo que dentro de la novela pase.

Ningún horizonte, repito, es interesante por su materia. Cualquiera lo es por su *forma,* por su forma de horizonte, esto es, de cosmos o mundo completo. El microcosmos y el macrocosmos son igualmente cosmos; sólo se diferencian en el tamaño del radio; mas para el que vive dentro de cada uno, tiene siempre el mismo tamaño absoluto. Recuérdese la hipótesis de Poincaré, que sirvió de incitación a Einstein: «Si nuestro mundo se contrajese y menguase, todo en él nos parecería conservar las mismas dimensiones».

La relatividad entre horizonte e interés –que todo horizonte tiene *su* interés– es la ley vital, que en el orden estético hace posible la novela.

De ella se desprenden algunas normas para el género.

HERMETISMO

Observémonos en el momento en que damos fin a la lectura de una gran novela. Nos parece que emergemos de otra existencia, que nos hemos evadido de un mundo incomunicante con el nuestro auténtico. Esta incomunicación es evidente, puesto que no podemos percibir el tránsito. Hace un instante nos hallábamos en Parma con el conde Mosca y la Sanseverina y Clelia y Fabricio; vivíamos con ellos, preocupados de sus vicisitudes, inmersos en el mismo aire, espacio y tiempo que sus personas. Ahora, súbitamente, sin intermisión, nos hallamos en nuestro aposento, en nuestra ciudad y en nuestra fecha; ya comienzan a despertar en torno a nuestros nervios las preocupaciones que nos eran habituales. Hay un intervalo de indecisión, de titubeo. Acaso el brusco aletazo de un recuerdo vuelve de un golpe a sumergirnos en el universo de la novela, y con algún esfuerzo, como braceando en un elemento líquido, tenemos que nadar hasta la orilla de nuestra propia existencia. Si alguien nos mira, entonces descubrirá en nosotros la dilatación de párpados, que caracteriza a los náufragos.

Yo llamo novela a la creación literaria que produce este efecto. Ese es el poder mágico, gigantesco, único, glorioso, de este soberano arte moderno. Y la novela que no sepa conseguirlo será una novela mala, cualesquiera sean sus restantes virtudes. ¡Sublime, benigno poder que multiplica nuestra existencia, que nos liberta y pluraliza, que nos enriquece con generosas transmigraciones!

Mas para lograr ese efecto hace falta que el autor sepa primero atraernos al ámbito cerrado que es su novela y luego cortarnos toda retirada, mantenernos en perfecto aislamiento del espacio real que hemos dejado. Lo primero es fácil; cualquiera sugestión nos hará movilizarnos hacia la entrada que el novelista abre ante nosotros. Lo segundo es más difícil. Es menester que el autor construya un recinto hermético, sin agujero ni rendija por los cuales, desde dentro de la novela, entreveamos el horizonte de la realidad. La razón de ello no parece complicada. Si se nos deja comparar el mundo interior del libro con el externo y real, y se nos invita a «vivir», los tamaños, dimensiones, problemas, apasionamientos que en aquél nos son propuestos, menguarán tanto de proporción e intensidad que habrá de desvanecerse todo su prestigio. Fuera como mirar en el jardín un cuadro que representa un jardín. El jardín pintado sólo florece y verdea en el recinto de una habitación, sobre un muro anodino, donde abre el boquete de un mediodía imaginario.

En este sentido me atrevería a decir que sólo es novelista quien posee el don de olvidar él, y de rechazo hacernos olvidar a nosotros, la realidad que deja fuera de su novela. Sea él todo lo «realista» que quiera, es decir, que su microcosmos novelesco esté fabricado con las materias más reales; pero que cuando estemos dentro de él no echemos de menos nada de lo real que quedó extramuros.

Esta es la razón por la cual nace muerta toda novela lastrada con intenciones trascendentales, sean éstas políticas, ideológicas, simbólicas o satíricas. Porque estas actividades son de naturaleza tal, que no pueden ejercitarse ficticiamente, sino que sólo funcionan referidas al horizonte efectivo de cada individuo. Al excitarlas es como si se nos empujase fuera del intramundo virtual de la novela y se nos obligase a mantener vivaz y alerta nuestra comunicación con el orbe absoluto de que nuestra existencia real depende. ¡Cómo voy a interesarme por los destinos imaginarios de los personajes si el autor me obliga a enfrontarme con el crudo problema de mi propio destino político o metafísico! El novelista ha de intentar, por el contrario, anestesiarnos para la realidad, dejando al lector recluso en la hipnosis de una existencia virtual.

Yo encuentro aquí la causa, nunca bien declarada, de la enorme dificultad –tal vez imposibilidad– aneja a la llamada «novela histórica». La pretensión de que el cosmos imaginado posea a la vez autenticidad histórica, mantiene en aquélla una permanente colisión entre dos horizontes. Y como cada horizonte exige una acomodación distinta de nuestro aparato visual, tenemos que cambiar constantemente de actitud; no se deja al lector soñar tranquilo la novela, ni pensar rigorosamente la historia. En cada página vacila, no sabiendo si proyectar el hecho y la figura sobre el horizonte imaginario o sobre el histórico, con lo cual adquiere todo un aire de falsedad y convención. El intento de hacer compenetrarse ambos mundos produce sólo la mutua negación de uno y otro; el autor –nos parece– falsifica la historia aproximándola demasiado, y desvirtúa la novela, alejándola con exceso de nosotros hacia el plano abstracto de la verdad histórica.

El hermetismo no es sino la forma especial que adopta en la novela el imperativo genérico del arte: la intrascendencia. Esto irrita a todas las cabezas confusas y a todas las almas turbias. Pero ¡qué le vamos a hacer si es ley inexorable que cada cosa esté obligada a ser lo que es y a renunciar a ser otra! Hay gentes que quieren serlo todo. ¡No contentos con pretender ser artistas, quieren ser políticos, mandar y dirigir muchedumbres, o quieren ser profetas, administrar la divinidad e imperar sobre las conciencias! Que ellos tengan tan ubérrima pretensión para sus personas no sería ilícito; mas tal ambición les mueve a querer que las cosas contengan también ese multiforme destino. Y esto es lo que parece imposible. Las artes se vengan de todo el que quiere ser con ellas más que artista, haciendo que su obra no llegue siquiera a ser artística. Igualmente la política del poeta se queda siempre en un ingenuo ademán inválido.

Una necesidad puramente estética impone a la novela el hermetismo, la fuerza a ser un orbe obturado a toda realidad eficiente. Y esta condición engendra, entre otras muchas, la consecuencia de que no puede aspirar directamente a ser filosofía, panfleto político, estudio sociológico o prédica moral. No puede ser más que novela, *no puede su interior trascender por sí mismo a nada exterior*, como el ensueño dejaría de serlo en el momento que desde él quisiésemos deslizar nuestro brazo a la dimensión de la vigilia, apresar un objeto real e introducirlo en la esfera mágica de lo que estamos soñando. Nuestro brazo de soñadores es un espectro sin vigor suficiente para sostener un pétalo de rosa. Son ambos universos de tal modo incompenetrables, que el menor contacto de uno con otro aniquila el uno o el otro. De niños fracasábamos siempre que queríamos arriesgar el dedo en el intramundo irisado de la pompa de jabón. El tierno cosmos flotante se anulaba en repentina explosión, dejando sobre el pavimento una lágrima de espuma.

Nada tiene que ver con esto el que una novela, después de vivida en delicioso sonambulismo, suscite secundariamente en nosotros toda suerte de resonancias vitales. El simbolismo del *Quijote* no está en su interior, sino que es construido por nosotros desde fuera, reflexionando sobre nuestra lectura del libro. Las ideas religiosas y políticas de Dostoyewsky no tienen dentro del cuerpo novelesco calidad ejecutiva; valen sólo como ficciones del mismo orden que los rostros de los personajes y sus frenéticos apasionamientos.

¡Novelista, mira la puerta del Baptisterio florentino que labró Lorenzo Ghiberti! Allí, en una serie de pequeños recuadros, está casi toda la Creación: hombres, mujeres, animales, frutos, edificios. El escultor no ha pretendido más que complacerse en modelar unas tras otras todas esas formas; aún parece sentirse la estremecida fruición con que la mano insinuaba la curva frontal del carnero apercibido por Abraham al sacrificio, y la mole redonda de la manzana y la escorzada perspectiva del edificio. Del mismo modo, sólo será novelista quien, por encima de todas sus restantes aspiraciones, sienta el delicioso frenesí de contar, de imaginar hombres y mujeres y charlas y pasiones, quien se vierta entero en la forja del cuerpo cóncavo que es la novela, y sin nostalgia alguna de la vida efectiva que abandona fuera, se encierra en su oquedad, gusano del capullo mágico, y goza en pulir el interior de la bóveda para no dejar ningún poro franco al aire y la luz de lo real.

O dicho con otras palabras más sencillas: novelista es el hombre a quien, mientras escribe, le interesa su mundo imaginario más que ningún otro posible. Si no fuera así, si a él no le interesa, ¿cómo va a conseguir que nos interese a nosotros? Divino sonámbulo, el novelista tiene que contaminarnos con su fértil sonambulismo.

LA NOVELA, GÉNERO TUPIDO

Lo que he llamado carácter hermético de la novela se hace patente si comparamos a ésta con el género lírico. Gozamos del lírico milagro viéndolo emerger sobre el fondo de la realidad como el surtidor artificioso sobre el paisaje en torno. El lirismo nace para ser visto desde fuera como la estatua, como el templo de Grecia. No entra en colisión con nuestra realidad, o, mejor dicho, adquiere su gracia peculiar al aparecer contrapuesto a ella, instalando en medio de ella con olímpica inocencia la desnudez de su irrealidad. En cambio, la novela está destinada a ser vista desde su propio interior, que es lo que acontece también con el mundo verdadero, del cual, por inexorable prescripción metafísica, es centro cada individuo en cada momento de su vida. Para gozar novelescamente tenemos que sentirnos rodeados de novela por todas partes, y no cabe situar ésta como un objeto que destaca, más o menos, entre los demás. Precisamente al ser un género «realista» por excelencia resulta incompatible con la realidad exterior. Para evocar la suya interna necesita desalojar y abolir la circundante.

De esta exigencia se derivan todas las condiciones del género que he señalado: todas se resumen en el hermetismo. Así, el imperativo de autopsia surge inevitablemente de la necesidad en que se halla el novelista de tapar el mundo real con su mundo imaginario. Para que dejemos de ver una cosa, para taparla, tenemos que ver otra, la que tapa. El espectro se caracteriza por no arrojar sombra ni ocultar tras sí un trozo de universo. Ambos síntomas revelan a los entes de ultratumba la realidad de Dante que transita. En vez de definir el personaje o el sentimiento debe, pues, el autor evocarlos, a fin de que su presencia intercepte la visión de nuestro contorno.

Ahora bien; yo no columbro que esto pueda conseguirse de otra manera que mediante una generosa plenitud de detalles. Para aislar al lector no hay otro medio que someterlo a un denso cerco de menudencias claramente intuidas. ¿Qué otra cosa es nuestra vida sino una gigantesca síntesis de nimiedades? El que duda si está soñando no recurre para ratificar su vigilia a ningún síntoma heroico, sino al humilde pellizco. En la novela se trata justamente de soñar el pellizco.

Como siempre acontece que la exageración nos hace caer en la cuenta de la mesura desconocida, la obra de Proust, extralimitando la prolijidad y la nimiedad, nos ha hecho advertir que todas las grandes novelas eran esencialmente minuciosas, aunque con otra medida. Los libros de Cervantes, Stendhal, Dickens, Dostoyewsky son, en efecto, del género tupido. Todo en ellos parece lujosamente espumado de una plenitud intuitiva. Hallamos siempre más datos de los que podemos retener, y aún nos queda la impresión de que más allá de los comunicados yacen otros muchos como en potencia. Las máximas novelas son islas de coral formadas por miríadas de minúsculos animales, cuya aparente debilidad detiene los embates marinos.

Esto obliga al novelista a no atacar más temas que aquéllos de que posea cuantiosa intuición. Es menester que produzca *ex abundantia*. Donde encuentre que hace pie y se mueve en líquido escaso no acertará nunca.

Hay que aceptar las cosas como son. La novela no es un género ligero, ágil, alado. Debiera haberse entendido como un guiño orientador, el hecho de que todas las grandes novelas que hoy preferimos, son, desde otro punto de vista, libros un poco pesados. El poeta puede echar a andar con su lira bajo el brazo, pero el novelista necesita movilizarse con una enorme impedimenta, como los circos peregrinos y los pueblos emigrantes. Lleva a cuestas todo el *atrezzo* de un mundo.

DECADENCIA Y PERFECCIÓN

Las condiciones que hasta ahora he mencionado determinan sólo la línea en que comienza la novela y fijan, por decirlo así, el nivel del mar en su continente. Sobre éste se elevan otras condiciones que producen la mayor o menor altitud de la obra.

Los detalles que forman la textura del cuerpo novelesco pueden ser de la más varia calidad. Pueden ser observaciones tópicas, triviales como las que suele usar en la existencia el buen burgués. O bien advertencias de plano más recóndito que sólo se hallan cuando se bucea en el abismo de la vida hasta capas profundas. La calidad del detalle decide del rango que al libro corresponde. El gran novelista desdeñará siempre el primer plano de sus personajes y sumergiéndose en cada uno de ellos tornará apretando en el puño perlas abisales. Mas, por lo mismo, el lector mediocre no le entenderá.

En los comienzos de la evolución del género se diferenciaban menos las buenas de las malas novelas. Como nada estaba dicho, unas y otras tenían que principiar por decir lo obvio y primerizo. Hoy, en la gran hora de su decadencia, las buenas y las malas novelas se diferencian mucho más. Es, pues, la ocasión excelente, aunque dificilísima, para conseguir la obra perfecta. Porque fuera un error, que sólo una mente liviana puede cometer, imaginar la sazón de decadencia como desfavorable en todos sentidos. Más bien ha acaecido siempre que las obras de máxima altitud son creación de las decadencias, cuando la experiencia, acumulada en progreso, ha refinado al extremo los nervios creadores. Las decadencias de un género, como de una raza, afectan sólo al tipo medio de las obras y los hombres.

Esta es una de las razones por las cuales yo, que siento bastante pesimismo ante el porvenir inmediato de las artes como de la política universal –no de las ciencias ni de la filosofía–, creo que es la novela una de las pocas labranzas que aún pueden rendir frutos egregios, tal vez más exquisitos que todos los de anteriores cosechas.

Como producción genérica correcta, como mina explotable, cabe sospechar que la novela ha concluido. Las grandes venas someras, abiertas a todo esfuerzo laborioso, se han agotado. Pero quedan los filones secretos, las arriesgadas exploraciones en lo profundo, donde, acaso, yacen los cristales mejores. Mas esto es faena para espíritus de rara selección.

La última perfección, que es casi siempre una perfección de la hora última, falta aún a la novela. Ni su forma o estructura ni su material han gozado aún de los definitivos alquitaramientos. Por lo que hace al material, encuentro de algún vigor el siguiente motivo de optimismo.

La materia de la novela es propiamente psicología imaginaria.

Ésta progresa a la par que sus otras dos hermanas, la psicología científica y la intuición psicológica que usamos en la vida. Ahora bien; en los últimos cincuenta años tal vez nada ha progresado tanto en Europa como el saber de almas. Por vez primera existe una ciencia psicológica, ciertamente que sólo iniciada, pero aun así desconocida de las edades anteriores. Y junto a ella una refinada sensibilidad para adivinar al prójimo y para anatomizar nuestra propia intimidad. Tanta es la sabiduría psicológica hacinada en el espíritu contemporáneo, bien en forma científica, bien en forma espontánea, que a ella, en buena parte, cabe atribuir el fracaso actual de la novela. Autores que ayer parecían excelentes, hoy parecen pueriles porque el lector es de suyo un psicólogo superior al autor. (¿Quién sabe si el desorden político de Europa, a mi juicio, *mucho más profundo y grave de lo que aún se manifiesta*, no obedece a la misma causa? ¿Quién sabe si los Estados de tipo moderno sólo son posibles en etapas de gran torpeza psicológica por parte de los ciudadanos?)

Otro fenómeno pariente es la insatisfacción que sentimos al leer los clásicos de la historia. La psicología empleada por ellos nos parece insuficiente, borrosa, en desequilibrio con nuestro apetito, por lo visto más refinado[1].

¿Cómo es posible que este progreso psicológico no sea aprovechado novelesca e históricamente? La humanidad ha satisfecho siempre sus deseos cuando éstos eran claros y concretos. Se puede vaticinar, sin excesivo riesgo, que, aparte la filosofía, las emociones intelectuales más poderosas que el próximo futuro nos reserva vendrán de la historia y la novela.

PSICOLOGÍA IMAGINARIA

Estas notas sobre la novela van mostrando un aire tan resuelto de no acabar nunca, que se hace menester darles fin de una manera violenta. Un paso más sería fatal. Porque hasta aquí se han mantenido en un orden de amplia generalidad, eludiendo toda casuística. Y acontece que en estética, como en moral, los principios genéricos son únicamente la cuadrícula que se traza en vista de la casuística, del análisis más concreto. Donde éste se inicia comienza lo más seductor de la cuestión, pero a la vez se pone la planta en un área sin límites. Conviene, pues, aprovechar el último momento de cordura y detenerse.

1. Sobre esta cuestión en la historia, véase mi reciente libro *Las Atlántidas.*

Quisiera, sin embargo, añadir a cuanto va sugerido una postrera indicación.

Decía que la materia de la novela es, ante todo, psicología imaginaria. No es fácil en pocas palabras esclarecer completamente lo que esto significa. Se suele creer que lo psicológico obedece exclusivamente a leyes de hecho, como las de la física experimental, y que, por tanto, sólo cabe observar y copiar las almas existentes en sus procesos reales. No cabría, pues, imaginar un mundo psíquico, inventar espíritus como se imaginan e inventan cuerpos geométricos. Y, sin embargo, el placer de leer novelas se funda en todo lo contrario.

Cuando el novelista desarrolla un proceso psicológico no pretende que lo aceptemos como una serie de hechos –¿quién nos iba a garantizar su realidad?– sino que recurre a un poder de evidencia que hay en nosotros, muy parecido al que hace posible la matemática. Y no se diga que el proceso descrito nos parece bien cuando coincide con casos de que en la vida hemos tenido experiencia. Bueno fuera que el novelista estuviese atenido al azar de las experiencias que este o el otro lector ha recogido. Antes recordábamos que una de las atracciones peculiares de Dostoyewsky es el exotismo de sus personajes. No parece fácil que un lector de Sevilla haya conocido nunca gentes con el alma tan caótica y turbulenta como los Karamazof. Y, sin embargo, a poco sensible que sea, el mecanismo psíquico de estas almas le parece tan forzoso, tan evidente como el funcionamiento de una demostración geométrica en que se habla de miriágonos jamás entrevistos.

Existe, en efecto, una evidencia *a priori* en psicología como en matemática y ella permite en ambos órdenes la construcción imaginaria. Donde sólo los hechos conocen ley y no hay una ley de la imaginación es imposible construir. Sería un puro e ilimitado capricho donde nada tendría razón de ser.

Por desconocer esto se supone torpemente que la psicología en la novela es la misma de la realidad y que, por tanto, el autor no puede hacer más que copiar ésta. A tan burdo pensamiento se suele llamar realismo. Lejos de mí la intención de discutir ahora este enrevesado término, que he procurado usar siempre entre comillas para hacerlo sospechoso. Pero nadie dudará de su ineptitud si advierte que no puede ser aplicado a las obras mismas de que se considera extraído. Son los personajes de éstas tan distintos, casi siempre, de los que en nuestro contorno tropezamos que, aun cuando fuesen en efecto seres existentes, no podrán valer como tales para el lector. Las almas de la novela no tienen para qué ser como las reales; basta con que sean posibles. Y esta psicología de espíritus posibles que he llamado imaginaria es la única que importa a este género literario. Que aparte de esto procure la novela dar una interpretación psicológica de tipos y círculos sociales efectivos será un picante más de la obra, pero nada esencial. (Uno de los puntos que dejo intactos fuera mostrar cómo es la novela el género literario que mayor cantidad de elementos ajenos al arte puede contener. *Dentro* de la novela cabe casi todo: ciencia, religión, arenga, sociología, juicios estéticos –con tal que todo ello quede, a la postre, desvirtuado y retenido en el interior del volumen novelesco, sin vigencia ejecutiva y última. Dicho en otra forma: en una novela puede haber toda la sociología que se quiera; pero la novela misma no puede ser sociológica. La dosis de elementos extraños que pueda soportar el libro depende en definitiva del genio que el autor posea para disolverlos en la atmósfera de la novela como tal. La cuestión, como se ve, pertenece ya a la casuística y la aparto de mí con terror).

Esta posibilidad de construir fauna espiritual es, acaso, el resorte mayor que puede manejar la novela futura. Todo conduce a ello. El interés propio al mecanismo externo de la trama queda hoy, por fuerza, reducido al mínimum. Tanto mejor para centrar la novela en el interés superior que puede emanar de la mecánica interna de los personajes. No en la invención de «acciones», sino en la invención de almas interesantes veo yo el mejor porvenir del género novelesco.

ENVÍO

Estos son los pensamientos sobre la novela que una alusión de Baroja me ha incitado a formular. Repito que no pretendo con ellos aleccionar a los que sepan de estas cosas más que yo. Es posible que cuanto he dicho sea un puro error. Nada importa si ha servido de incitación para que algunos jóvenes escritores, seriamente preocupados de su arte, se animen a explorar las posibilidades difíciles y subterráneas que aún quedan al viejo destino de la novela.

Pero dudo que encuentren el rastro de tan secretas y profundas venas si antes de ponerse a escribir su novela no sienten, durante un largo rato, pavor. De quien no ha percibido la gravedad de la hora que hoy sesga este género, no puede esperarse nada.

El arte en presente y en pretérito

I

La Exposición de Artistas Ibéricos, si se reitera denodadamente y superando todo desánimo vuelve año tras año
con cierta insistencia astronómica, puede ser de gran importancia para el arte peninsular. La de ahora me parece
bastante pobre de talentos y de estilos, prescindiendo de
los artistas ya maduros que al núcleo más característico
de nuevos pintores han agregado su obra, de antemano
conocida. Pero la insuficiencia de esta primera cosecha
no hace sino probar la necesidad de repetir con virtuosa
constancia la ostentación de las nuevas producciones.
Hasta ahora, la pintura heterodoxa ha llevado una existencia privada y escolar. Los artistas se encontraban sin
público y aislados frente a la masa enorme de los estilos
tradicionales. Ahora, agrupados, pueden cobrar mayor
fe en su intento y, a la par, confrontarse unos con otros,

espantarse de los propios tópicos y afinar la puntería del propósito individual. De paso el público podrá ir acomodando su órgano receptor para el «caso» del arte actual y, poco a poco, se irá enterando de la dramática situación en que se hallan las musas.

Poco a poco –de golpe es imposible. La situación es tan delicada, tan paradójica, que sería injusto exigir a las gentes una súbita comprensión de ella. En rigor, habría que definirla mediante una fórmula sobremanera cargante por su paradojismo. Habría que decir, poco más o menos: el arte actual consiste en que no lo hay, y es ineludible partir de esta convicción para crear y gozar hoy de arte auténtico. Esta fórmula, desarrollada, como dicen los matemáticos, se aclara progresivamente y pierde su aspecto insoportable. Casi todas las épocas han podido obtener un estilo artístico adecuado a su sensibilidad, y, por tanto, actual, prolongando en uno u otro sentido el arte del pasado. Tal situación era doblemente favorable. En primer lugar, el arte tradicional proponía inequívocamente a la generación nueva lo que había que hacer. Tal faceta, que en los estilos pretéritos había quedado sin subrayar y sin cumplir, se ofrecía a la explotación de los recién llegados. Trabajar en ella suponía conservar el fondo íntegro del arte tradicional. Se trataba de una evolución, de una modificación a que se sometía el núcleo inalterado de la tradición. Lo nuevo y actual era, por lo menos como aspiración, perfectamente claro, y de paso mantenía vivo el contacto con las formas del pasado. Eran épocas felices en que no sólo había un principio evidente de arte actual, sino que todo el arte del pasado, o grandes porciones de él, gozaban de suficiente actualidad. Así, hace treinta años, había en Manet una plenitud de presente; pero, a la vez, Manet repristinaba a Velázquez, le proporcionaba cierto aire contemporáneo.

Ahora la situación es opuesta. Si alguien, después de recorrer las salas de la Exposición de Artistas Ibéricos, dijese: «Esto no es nada. Aquí no hay un arte», yo no temería responder: «Tiene usted razón. Esto es más que nada. Esto no es todavía un arte. Pero ¿quiere usted decirme qué cosa mejor cabe intentar? Si usted tuviese veinticinco años y una docena de pinceles en la mano, ¿qué haría?» Si el interlocutor era discreto, no podría contestar más que en una de estas dos formas: o proponer la imitación de algún estilo antiguo –lo que implica reconocer la inexistencia de un posible estilo actual–, o presentar concretamente un cuadro, un solo cuadro, que siendo heredero de la tradición insinúe un nuevo tema pictórico, señale algún rincón aún intacto en la topografía del arte usado. Mientras esto último no acontezca, será invulnerable la posición de quienes piensan que la tradición artística ha llegado a consumir todas sus posibilidades y es preciso buscar otra forma de arte. Esta exploración es la tarea de los artistas jóvenes. No tienen un arte; sólo son un intento hacia él. Por eso decía antes que el arte mejor del presente consiste en no haberlo, pues lo que hoy pretende ser plena y lograda obra de arte, suele ser, en verdad, lo más antiartístico que cabe: la repetición del pasado.

Habrá gente dispuesta a reconocer que no existe un arte propiamente contemporáneo; pero añadirá que ahí tenemos el arte del pasado donde podemos satisfacer nuestros apetitos estéticos. Yo no sabría, sin inquietudes, acogerme a esta opinión. No creo que pueda haber un arte del pasado cuando falta otro del presente, ligado a aquél por un nexo positivo. Lo que en otras épocas mantuvo vivo el gusto por la pintura antigua fue precisamente el estilo nuevo, que, derivado de ella, le daba un nuevo sentido, como en el caso Manet-Velázquez. Es decir: que el arte del pasado es arte, en el pleno sentido del vocablo, en la medida que aún es presente, que aún fecunda e innova. Cuando se convierte efectivamente en mero pasado pierde su eficacia estrictamente estética, y nos sugiere emociones de sustancia arqueológica. Sin duda, son éstas motivo de grandes fruiciones; pero no pueden confundirse ni sustituir al propio placer estético. El arte del pasado no «es» arte; «fue» arte.

De donde resulta que la ausencia de entusiasmo por la pintura tradicional, característica hoy de los jóvenes, no proviene de caprichoso desdén. Por no haber hoy un arte heredero de la tradición, no sale de las venas del presente sangre que vivifique el pasado, trayéndolo a nosotros. Queda éste, pues, reducido a sí mismo, exangüe, muerto, sido. Velázquez es una maravilla arqueológica. Dudo mucho que quien sepa analizar sus propios estados espirituales y no confunda unas cosas con otras deje de advertir la diferencia entre su entusiasmo –tan justificado– por Velázquez y el entusiasmo rigorosamente estético. Cleopatra es una figura atractiva, seductora, que emerge de la más vaga lontananza; pero ¿quién confundirá su «amor» a Cleopatra con el que acaso siente por cualquier mujer de hoy? Nuestra relación con el pasado se parece mucho a la que tenemos con el presente, sólo que es espectral; por tanto, nada en ella es efectivo: ni el amor ni el odio, ni el placer ni el dolor.

Comprendo muy bien que al gran público no le interese la obra de los pintores nuevos, y esta Exposición no debe dirigirse a él, sino exclusivamente a las personas para quienes el arte es un problema vivo y no una solución, un deporte esencial y no un pasivo regodeo. Sólo ellas pueden interesarse por lo que es, más bien que arte, un movimiento hacia él, un rudo entrenamiento, un afán de laboratorio, un ensayo de taller. Ni creo que los artistas de hoy crean que su obra es otra cosa. Si alguien piensa que el cubismo es para nuestra época lo que fueron para la suya el impresionismo, Velázquez, Rembrandt, el Renacimiento, etcétera, comete, a mi juicio, un grave error. El cubismo es sólo un ensayo de posibilidades pictóricas que hace una época desprovista de un arte plenario. Por eso es tan característico del tiempo que se produzcan más teorías y programas que obras.

Sólo que hacer eso –teorías, programas y esperpentos cubistas o de otra índole– es hacer lo más que hoy cabe hacer. Y de todas las actitudes que es dado tomar, la más profunda nos recomienda docilidad a la orden del tiempo. Lo otro, creer que el hombre puede hacer lo que guste en toda sazón, es lo que me parece frívolo y gran síntoma de puerilidad. Los chicos creen que pueden elegir entre posibilidades infinitas: presumen, sobre todo, que pueden elegir lo mejor y sueñan que son sultanes, obispos, emperadores. Así, no faltan hoy seres pueriles que «quieren ser clásicos», nada menos. Con lo cual yo no sé bien si se quiere decir que desean imitar algún estilo antiguo, y eso me parecería demasiado poco, o, lo que es más probable, ser clásicos para la posteridad, y eso me parecería demasiado mucho. «Querer» ser clásico es algo así como partir para la guerra de los treinta años.

Unas y otras son posturas que toman los aficionados a tomar posturas, y sólo llevan a la incomodidad, porque los hechos no se sujetan a ellas. Dificulto que logre hacer cómoda su posición quien no comience por reconocer en todo su dramatismo la situación actual, que consiste en no existir un arte contemporáneo y haberse hecho histórico el gran arte del pasado.

Después de todo, lo mismo que acontece en política. Las instituciones tradicionales han perdido vigencia y no suscitan respeto y entusiasmo, sin que, por otra parte, se dibuje ideal alguno de otras posibles que muevan a arrumbar las supervivientes.

Esto es, acaso, lamentable, penoso, entristecedor –todo lo que se quiera–; pero tiene una ventaja: que es la realidad. Y ello –definir lo que es– constituye la única misión exigible al escritor. Las demás sólo son laudables e implican que se ha cumplido la primaria.

Pero se dirá que el pasado artístico no pasa, que el arte es eterno... Sí, eso se dirá, pero...

II

Se habla a menudo de la eternidad de la obra de arte. Si con ello se quisiera decir que crearla y gozarla incluye la aspiración a que su valor sea eterno, no habría reparo que poner. Pero el hecho es que la obra de arte envejece y se pudre antes como valor estético que como realidad material. Acontece lo mismo que en los amores. Todo amor jura en un cierto momento su propia eternidad. Pero ese momento, con su eternidad aspirada, transcurre; le vemos caer en el torrente del tiempo, agitar sus manos de náufrago, ahogarse en el pasado. Porque esto es el pasado: un naufragio, una sumersión en lo profundo. Los chinos, al morir le llaman «correr al río». El presente es un haz sin espesor apenas. Lo hondo es el pasado hecho con presentes innumerables, unos sobre otros, comprimidos. Delicadamente, los griegos al morir llamaban «irse con los más».

Si una obra de arte, un cuadro, por ejemplo, consistiese sólo en lo que el lienzo presenta, es posible que llegase a ser eterno aunque no se asegurase su perduración material. Pero ahí está: el cuadro no termina en su marco. Más todavía: del organismo completo de un cuadro sólo hay en el lienzo una mínima parte. Y cosa análoga podíamos decir de una poesía.

Al pronto, no se comprende bien cómo puede haber porciones esenciales de un cuadro fuera de él. Y, sin embargo, es así. Todo cuadro es pintado partiendo de una serie de convenciones y supuestos que se dan por sabidos. El pintor no transmite al lienzo todo lo que dentro de él contribuyó a su producción. Por el contrario, elimina de él los datos más fundamentales, que son las ideas, preferencias, convicciones estéticas y cósmicas en que se funda genéricamente lo individual de aquel cuadro. Con el pincel hace constar precisamente lo que no es «cosa sabida» para sus contemporáneos. Lo demás lo suprime o, por lo menos, lo apunta sin insistencia.

Del mismo modo, cuando hablamos con alguien, nos guardamos de enunciar todos los supuestos elementales sin los que carecería de sentido aquello que decimos. Expresamos sólo lo relativamente nuevo, lo diferencial, presumiendo que el resto lo pondrá en forma automática el oyente.

Ahora bien; esa convención, ese sistema de supuestos vigentes en cada época, muda con el tiempo. Ya en las tres generaciones que conviven dentro de toda fecha histórica, ese sistema de supuestos diverge bastante. El viejo empieza a no entender al joven, y viceversa. Donde es lo más curioso que lo ininteligible para unos es casualmente lo que mayor evidencia tiene para los otros. Un viejo liberal no concibe que la gente moza pueda vivir sin libertad, y le sorprende, sobre todo, que no se sienta forzada a razonar su iliberalismo. Pero, a la vez, el joven no comprende el entusiasmo extravagante del viejo por el principio liberal, que a él le parece una cosa simpática y aun deseable, pero incapaz de levantar ningún fervor, como acontece con la tabla de Pitágoras o la vacuna. En rigor, tan no es por razones liberal el liberal, como iliberal el otro. Nada profundo y evidente nace ni vive de razones. Se razona lo dudoso, lo probable, lo que no creemos del todo.

Cuanto más profundo y elemental sea un ingrediente de nuestra convicción, menos nos preocupamos de él, y, en rigor, ni siquiera lo percibimos. Vamos viviendo sobre él; es la base de todos nuestros actos e ideas. Por lo mismo, queda fuera de nosotros, como está fuera de nosotros el palmo de tierra que pisamos, el único que no podemos ver y que el pintor de paisaje no puede transportar al lienzo.

La existencia de este suelo y subsuelo espirituales bajo la obra de arte nos es revelada precisamente cuando de-

lante de un cuadro nos quedamos perplejos por no entenderlo. Hace treinta años acontecía esto con los lienzos del
Greco. Se levantaban como una costa de acantilados ver-
ticales, donde no era posible desembarcar. Entre ellos y
el espectador parecía mediar un abismo, y, sin embargo, el
cuadro se abría ante los ojos de par en par como otro cualquiera. Entonces se caía en la cuenta de que más allá de
él, tácitos, inexpresos, soterraños, existían los supuestos
desde los cuales el Greco pintaba.

Pero esto, que en el Greco adquiría un carácter extremo –la obra del Greco tiene, en efecto, una dimensión
teratológica–, acaece con toda obra del pasado. Y sólo el
que no tiene sensibilidad refinada, sólo el que no se entera de las cosas, cree que se entera, sin especial esfuerzo,
de una creación antigua. La ardua faena del historiador,
del filólogo, consiste justamente en reconstruir el sistema latente de supuestos y convicciones de que emanaron
las obras de otros tiempos.

No es, pues, una cuestión de gustos la que nos lleva a
separar todo arte del pasado del arte en sentido del
presente. Son dos cosas y dos emociones que a primera
vista parecen idénticas, pero, a la luz de un somero análisis, resultan completamente distintas para todo el que
no vuelva pardos todos los gatos. La complacencia en el
arte antiguo no es directa, sino irónica; quiero decir que
entre el viejo cuadro y nosotros intercalamos la vida de la
época en que se produjo, el hombre contemporáneo
de él. Nos trasladamos de nuestros supuestos a los ajenos, fingiéndonos una personalidad extraña, al través de la
cual gozamos de la antigua belleza. Esta doble personalidad es característica de todo estado irónico de espíritu.

Y si apuramos un poco más el análisis de esa complacencia arqueológica, encontraremos que no es la obra misma lo que degustamos, sino la vida en que fue creada, y de ella es síntoma ejemplar, o, para ser más exacto, la obra envuelta en su atmósfera vital. Esto aparece bien claro cuando se trata de un cuadro primitivo. El nombre mismo de «primitivo» indica la ternura irónica que sentimos ante el alma del autor, menos compleja que la nuestra. Nos causa deleite saborear aquel modo de existir más simple, más fácil de abarcar con una mirada que nuestra vida, tan vasta, tan indomable, que nos inunda y arrastra, que nos domina en vez de dominarla nosotros. La situación psíquica es pareja a la que surge cuando contemplamos un niño. Tampoco el niño es un ser actual: el niño es futuro. Y, por eso, no cabe un trato directo con él, sino que, automáticamente, nos hacemos un poco niños, hasta el punto –se habrá notado– que tendemos, ridícula, pero indeliberadamente, a imitar su lenguaje y su balbuceo, y llegamos a aflautar la voz en virtud de inconsciente mimetismo.

Sería insuficiente oponer a lo dicho la observación de que en la antigua pintura existen valores plásticos, ajenos a la temporalidad, susceptibles de ser gozados como calidades actuales. ¡Es curioso el empeño de algunos artistas y aficionados en reservar alguna porción de la obra pictórica para la pura retina, libertándola de su complicación con el espíritu, con lo que llaman literatura o filosofía!

Y, en efecto, literatura o filosofía son cosas muy diferentes de la plástica; pero las tres son irremisiblemente espíritu y se hallan sumidas en las complicaciones de éste. Es, pues, vano ese intento de hacerse las cosas más sencillas y manejables a medida de la propia simplicidad. No hay pura retina, no hay valores plásticos absolutos. Todos ellos pertenecen a algún estilo, son relativos a él, y un estilo es el fruto de un sistema de convenciones vivas. Pero, en todo caso, esos valores de supuesta vigencia actual son mínimas parcelas de la obra antigua que violentamente desencajamos del resto, para afirmarlas solas, relegando lo demás. Sería interesante que con alguna sinceridad se subrayase lo que de uno de esos cuadros famosos parece belleza intacta y perviviente. La escasez de lo acotado contrastaría tan crudamente con la fama de la obra, que sería el mejor modo de darme la razón.

Si merece algo la pena de haber nacido en esta época nuestra, tan áspera e insegura, es precisamente porque se inicia en Europa la aspiración a vivir sin frases, mejor dicho, a no vivir *de* frases. Eso de que el arte es eterno y la retahíla de los cien mejores libros, las cien mejores pinturas, etcétera, son cosas para el buen tiempo viejo, cuando los burgueses creían su deber ocuparse de arte y de letras. Ahora que se va viendo hasta qué punto el arte no es cosa «seria», sino, más bien, un fino juego exento de patetismo y solemnidad, a que sólo deben dedicarse los verdaderamente aficionados, los que se complacen en sus peripecias y dificultades superfluas y se someten al pulcro cumplimiento de sus reglas, la monserga de que el arte es eterno no puede satisfacer ni aclarar nada. La eternidad del arte no es una sentencia firme a que quepa acogerse; es, sencillamente, un sutilísimo problema. Dejemos que los sacerdotes, no muy seguros de la existencia de sus dioses, los envuelvan en la calígine pavorosa de los grandes epítetos patéticos. El arte no necesita nada de eso, sino mediodía, tiempo claro, conversación transparente, precisión y un poco de buen humor.

Hay que conjugar el vocablo «arte». En presente significa una cosa, y en pretérito otra muy distinta. No se trata de negar al arte sido ninguna de sus gracias. Le son íntegramente conservadas, pero con todas ellas queda localizado en una dimensión espectral, sin contacto inmediato con nuestra vida, puesto como entre paréntesis y virtualizado. Y si, al pronto, parece esto una pérdida que sufrimos, es porque no se advierte la gigantesca ganancia que, a la vez, obtenemos. El mismo gesto con que alejamos de nuestro trato actual el pasado hace a éste renacer justamente como pasado. En vez de una sola dimensión donde hacer resbalar la vida –el presente–, tenemos ahora dos, pulcramente diferenciadas, no sólo en la idea, sino en el sentir. El placer humano se amplía gigantescamente al llegar a madurez la sensibilidad histórica. Mientras se creyó que antiguos y actuales somos todos unos, el paisaje era de gran monotonía. Ahora la existencia cobra una inmensa variedad de planos, se hace profunda, de hondas perspectivas, y cada tiempo sido es una aventura nueva. La condición de ello será que sepamos mirar a lo lejos lo lejano, sin miopía, sin contaminar el presente con el pretérito. A la voluptuosidad puramente estética, que sólo puede funcionar en términos de actualidad, se agrega hoy la formidable voluptuosidad histórica que hace en todas las curvas de la cronología su cámara nupcial. Ésta es la verdadera *volupté nouvelle,* que el pobre Pierre Louÿs buscaba en su mocedad.

No hay, por tanto, que enfadarse con todo esto que yo digo, sino más bien dilatar un poco las cabezas para ahormarlas con la amplitud de las cuestiones. Es ilusorio creer que la situación artística de hoy –o de cualquier época– depende sólo de factores estéticos. En los amores y odios de arte interviene todo el resto de las condiciones espirituales del tiempo. Así, en nuestra nueva distancia al pasado colabora el advenimiento plenario del sentido histórico, germinando en zonas del alma ajenas al arte.

Miramos de la montaña sólo la parte de ella que se eleva sobre el nivel del mar, y olvidamos que es mucha más la tierra acumulada bajo él. Así, el cuadro presenta sólo la porción de sí mismo, que emerge sobre el nivel de las convenciones de su época. Presenta sólo su faz: el torso queda sumergido en el torrente temporal que lo arrastra vertiginoso hacia el no ser.

No es, pues, cuestión de gustos. Quien no siente, desde luego, a Velázquez como un anacronismo; quien no se complace en él precisamente por ser un anacronismo, es incapaz de sacramentos estéticos. Con lo cual no pretendo decir que la distancia espiritual entre los viejos artistas y nosotros sea siempre la misma. Velázquez es, acaso, uno de los pintores menos arqueológicos. Pero si fuésemos a inquirir las razones de ello, tal vez resultase proceder de sus defectos y no de sus virtudes.

El placer que nos origina el arte antiguo es más una fruición de lo vital que de lo estético, al paso que ante la obra contemporánea sentimos más lo estético que lo vital.

Esta grave disociación de pretérito y presente es el hecho general de nuestra época y la sospecha, más o menos confusa, que engendra el azoramiento peculiar de la vida en estos años. Sentimos que, de pronto, nos hemos quedado solos sobre la tierra los hombres actuales, que los muertos no se murieron de broma, sino completamente, que ya no pueden ayudarnos. El resto de espíritu tradicional se ha evaporado. Los modelos, las normas, las pautas no nos sirven. Tenemos que resolvernos nuestros problemas sin colaboración activa del pasado, en pleno actualismo –sean de arte, de ciencia o de política.

El europeo está solo, sin muertos vivientes a su vera; como Pedro Schlemihl, ha perdido su sombra. Es lo que acontece siempre que llega el mediodía.

Otros ensayos

Ensayo de estética
a manera de prólogo

Este tomito de versos[1] –a quien su autor llama *El pasajero*–
nos hace asistir a la iniciación de un nuevo poeta, al
nacimiento de una nueva musa. En todo instante pue-
blan el aire poéticas voces de las cuales son algunas plenas
y armoniosas, por lo menos correctas; pero muy pocas de
ellas son gritos líricos originales. No seamos demasiado
duros con la falta de originalidad; apliquemos a las obras
de arte donde no se intenta un estilo nuevo, una crítica
apropiada. Exijámosles plenitud, armonía, por lo menos
corrección –las virtudes de eternidad.

Pero reservemos nuestro amor de lectores para los ver-
daderos poetas, es decir, para los hombres que traen un
nuevo estilo, que son un estilo. Porque estos hombres
enriquecen el mundo, aumentan la realidad. La materia,
se decía antes, ni crece ni mengua; ahora dicen los físicos

1. *El pasajero,* de J. Moreno Villa.

que se degrada, que disminuye. Sigue siendo verdad que no aumenta. Esto significa que las cosas son siempre las mismas, que de su material no nos puede venir ampliación ninguna. Pero he aquí que el poeta hace entrar a las cosas en un remolino y como espontánea danza. Sometidas a este virtual dinamismo las cosas adquieren un nuevo sentido, se convierten en otras cosas nuevas.

La materia, siempre vieja e invariable, arrebatada por remolinos de trayectoria siempre nueva, es el tema de la historia del arte. Los vórtices dinámicos que ponen novedad en el mundo, que aumentan idealmente el universo, son los estilos.

Llegado al punto, para mí tan imprevisto y extraño, de escribir unas páginas al frente de un bellísimo haz de poesías, no sabía cómo resolverme.

El valor característico de este libro consiste, según he dicho, en anunciar un poeta verdaderamente nuevo, un estilo, una musa. Por otra parte el estilo, la musa en estas páginas no hace sino comenzar su germinación. Yo creo que sería indelicado acercarme demasiado pronto a él para definirlo. Creo preferible dedicar las páginas siguientes a fijar un poco qué sea en general un estilo, una musa. De ellas trascenderá al lector una emoción de respeto hacia estas primeras palabras de un poeta que aspira a lo sumo a que se puede aspirar en arte: a ser él mismo.

Sin embargo, esté advertido el lector de que a las páginas de absoluta poesía de *El pasajero* forman éstas mías como un atrio de absoluta prosa. Hablan de estética –la cual es todo lo contrario que el arte, la cual es o pretende ser ciencia.

I

RUSKIN, LO USADERO Y LA BELLEZA

Leer versos no es una de mis ocupaciones habituales. En general, no concibo que pueda ser la de nadie. Tanto para leer como para crear una poesía debiéramos exigir cierta solemnidad. No una solemnidad de exteriores pompas, mas sí aquel aire de estupor íntimo que invade nuestro corazón en los momentos esenciales. La pedagogía contemporánea viene influyendo de un modo deplorable en el orden de la cultura estética al hacer del arte una cosa usadera, normal y de hora fija. De esta suerte, perdemos el sentimiento de las distancias; perdemos respeto y miedo al arte; nos acercamos a él en cualquier instante, en el traje y temple que nos coge y nos acostumbramos a no entenderlo. La emoción real a que hoy nos referimos cuando hablamos de goce estético es –si queremos sinceramente reconocerlo– un pálido deleite, exento de vigor y densidad, que nos produce el mero roce con la obra bella.

Uno de los hombres más funestos para la Belleza ha sido, tal vez, Ruskin, que ha dado al arte una interpretación inglesa. La interpretación inglesa de las cosas consiste en su reducción a objetos domésticos y habituales. Aspira el inglés, sobre todo, a vivir bien, cómodamente; lo que es para el francés la sensualidad y para el alemán la filosofía, es para el inglés el *comfort*. Ahora bien: el *comfort*, la comodidad, exige de las cosas muy numerosas condiciones, distintas según la función vital a que se trate en cada caso de dar comodidad: sólo una condición es genérica, ineludible, y como un *a priori* de todo lo cómodo: que sea consuetudinario. No en balde es Inglaterra el país que ha resuelto el problema de avanzar sin romper con sus usos añejos. Lo insólito, por el mero hecho de serlo, es incómodo.

Ruskin acertó a dar una interpretación del arte que toma de éste sólo aquello susceptible de convertirse en ejercicio consuetudinario. Su evangelio es el arte como uso y comodidad. Tal intención, naturalmente, sólo puede llevar a la inteligencia aquellas artes que no lo son en rigor: las artes industriales o decorativas. Ruskin se obstina en introducir la Belleza en el severo, manso hogar inglés: para ello tiene antes que domesticarla, enervarla, desangrarla. Y así, hecha un fantasma, hecha un adjetivo, la conduce a las honradas viviendas de los ciudadanos británicos.

Yo no digo que la decoración o industria artística se halle exenta de belleza: digo sólo que su belleza no es sólo belleza –es utilidad barnizada de belleza, tocada de belleza: es agua con alguna gota báquica. Y acontece que el hombre contemporáneo se ha acostumbrado a no pedir a la belleza emociones más hondas que las nacidas de las artes industriales, y si fuera sincero confesaría que el goce estético no es placer diverso del que producen las cosas un poco aseadas y puestas en buen orden.

Sería prudente libertar la Belleza de esa vaina decorativa en que se la quiere mantener y que vuelva el alma acerada a dar bajo el sol sus peligrosas refulgencias. Este buen siglo XX, que nos lleva en sus brazos fuertes, de músculos tensos, parece destinado a romper con algunas hipocresías, insistiendo en las diferencias que separan a las cosas. Sentimos que de la raíz de nuestro ánimo asciende como una voluntad de mediodía enemiga de las visiones crepusculares donde todos los gatos son pardos.

Ciencia no va a ser para nosotros un sentido común auxiliado de aparatos métricos, ni Moral una pasiva honorabilidad en nuestra actuación social –ni Belleza el aseo, la sencillez o la compostura. Todas esas cosas –sentido común, honorabilidad civil, aseo– están muy bien; no tenemos nada contra ellas, nos repugnaría quien las despreciara. Pero Ciencia, Moral, Belleza, son otras cosas que en nada se les parecen.

No es leer poesías una de mis ocupaciones habituales.

Yo necesito beber el agua en un vaso limpio, pero no me deis un vaso bello. Juzgo, en primer lugar, muy difícil que un vaso de beber pueda, en todo rigor, ser bello; pero si lo fuera yo no podría llevarlo a mis labios. Me parecería que al beber su agua bebía la sangre de un semejante –no de un semejante, sino de un idéntico. O atiendo a calmar la sed o atiendo a la Belleza; un término medio sería la falsificación de una y otra cosa. Cuando tenga sed, por favor, dadme un vaso lleno, limpio y sin belleza.

Hay gentes que no han sentido nunca sed, lo que se llama sed, verdadera sed. Y hay quien no ha sufrido nunca la experiencia esencial de la Belleza. Sólo así se explica que pueda alguien beber en vasos bellos.

II

EL «YO» COMO LO EJECUTIVO

Usar, utilizar sólo podemos las cosas. Y viceversa: cosas son los puntos donde se inserta nuestra actividad utilitaria. Ahora bien: ante todo podemos situarnos en actitud utilitaria, salvo ante una cosa, salvo ante una sola cosa, ante una única cosa: Yo.

Kant reduce la moral a su conocida fórmula: obra de tal manera que no emplees sólo como medios a los otros hombres, que sean como fines de tus propios actos. Hacer, como Kant, de estas palabras la expresión de una norma y el esquema de todo deber equivale a declarar que de hecho cada uno de nosotros usa de los demás congéneres, los trata como cosas. El imperativo de Kant, en sus varios dictados, aspira a que los demás hombres sean para nosotros *personas*, no utilidades, *cosas*. Y esta dignidad de persona le sobreviene a algo cuando cumplimos la máxima inmortal del Evangelio: trata al prójimo como a ti mismo. Hacer de algo un *yo mismo* es el único medio para que deje de ser cosa.

Mas a lo que parece, nos es dado elegir ante otro hombre, ante otro sujeto, entre tratarlo como cosa, utilizarlo o tratarlo como «Yo». Hay aquí un margen para el arbitrio, margen que no sería posible si los demás individuos humanos fueran realmente «Yo». El «tú», el «él», son, pues, ficticiamente «yo». En términos kantianos diríamos que mi *buena voluntad* hace de *ti* y de *él* como otros yo.

Pero antes hablábamos del *yo* como de lo único que, no sólo no queremos, sino que no podemos convertir en cosa. Esto ha de tomarse al pie de la letra.

Para verlo claramente conviene percatarse primero de la modificación que en el significado de un verbo introduce su empleo en primera persona del presente indicativo con respecto a su significado en segunda o tercera persona: Yo ando, por ejemplo. El sentido *andar* en «yo ando» y «él anda» tiene evidentemente un primer aspecto de identidad –de otra suerte no emplearíamos la misma raíz idiomática. Adviértase que «significación» no quiere decir sino «referencia a un objeto»–; por tanto, «significación idéntica» será «referencia a un mismo objeto o realidad, a un mismo cariz de un objeto o realidad». Pues bien: si fijamos con alguna insistencia nuestra atención en cuál sea la realidad a que el «yo ando» alude, notaremos cuán grande es su diferencia de la aludida por «él anda». El andar de «él» es una realidad que percibo por los ojos, verificándose en el espacio: una serie de posiciones sucesivas de unas piernas sobre la tierra. En el «yo ando» tal vez acuda a mí la imagen visual de mis pies moviéndose; pero sobre ello, y como más directamente aludido en aquellas palabras, encuentro una realidad invisible y ajena al espacio –el esfuerzo, el impulso, las sensaciones musculares de tensión y resistencia. La diferencia no puede ser mayor. Diríase que en el «yo ando» me refiero al andar visto por dentro de lo que él es y en «él anda», al andar visto en su exterior resultado. Sin embargo, la unidad del andar como íntimo suceso y el andar como acontecimiento externo con ser palmaria, inmediata y presentársenos sin exigirnos trabajo alguno no implica la menor semejanza entre ambas sus caras. ¿Qué tiene que ver, en qué puede parecerse la peculiar cosa íntimo «esfuerzo», «sensación de resistencia» con un cuerpo que varía su situación en el espacio? Hay, pues, un «yo-andar» completamente distinto del «andar los demás».

Cualquiera otro ejemplo que tomemos reproducirá la misma observación. Sin embargo, en casos como el de «andar» parece que es la exterior su significación primaria y más clara. No nos metamos ahora en averiguar por qué esto es así. Baste advertir que, en cambio, toda una clase de verbos se caracteriza por ser su significación primaria y evidente la que tienen en primera persona. Yo deseo, yo odio, yo siento dolor. El dolor o el odio ajenos, ¿quién los ha sentido? Sólo vemos una fisonomía contraída, unos ojos que punzan de través. ¿Qué hay en estos objetos visuales de común con lo que yo hallo en mí cuando hallo en mí dolor u odio?

Con esto queda clara, a lo que pienso, la distancia entre «yo» y toda otra cosa, sea ella un cuerpo inánime o un «tú», un «él». ¿Cómo expresaríamos de un modo general esa diferencia entre la imagen o concepto del dolor y el dolor como sentido, como doliendo? Tal vez haciendo notar que se excluyen mutuamente: la imagen de un dolor no duele, más aún, aleja el dolor, lo sustituye por su sombra ideal. Y viceversa: el dolor doliendo es lo contrario de su imagen: en el momento que se hace imagen de sí mismo deja de doler.

Yo significa, pues, no este hombre a diferencia del otro, ni mucho menos el hombre a diferencia de las cosas, sino todo –hombres, cosas, situaciones–, en cuanto verificándose, siendo, ejecutándose. Cada uno de nosotros es *yo*, según esto, no por pertenecer a una especie zoológica privilegiada, que tiene un aparato de proyecciones llamado conciencia, sino más simplemente porque es algo. Esta caja de piel roja que tengo delante de mí no es *yo* porque es sólo una imagen mía, y ser imagen equivale justamente a no ser lo imaginado. Imagen, concepto, etcétera, son siempre imagen, concepto de... y eso de quien son imagen constituye el verdadero ser. La misma diferencia que hay entre un dolor de que se me habla y un dolor que yo siento hay entre el rojo visto por mí y el estar siendo roja esta piel de la caja. Para ella el ser roja es como para mí el dolerme. Como hay un yo Fulano de Tal, hay un yo-rojo, un yo-agua y un yo-estrella.

Todo, mirado desde dentro de sí mismo, es *yo*.

Ahora vemos por qué no podemos situarnos en postura utilitaria ante el «yo»: simplemente porque no podemos situarnos *ante* él, porque es indisoluble el estado de perfecta compenetración con algo, porque es todo en cuanto intimidad.

III

«YO» Y MI YO

Todo, mirado desde dentro de sí mismo, es *yo*.

Esta frase sólo puede servir de puente a la estricta comprensión de lo que buscamos. En rigor es inexacta.

Cuando yo siento un dolor, cuando amo u odio, yo no veo mi dolor ni me veo amando u odiando. Para que yo vea *mi* dolor es menester que interrumpa mi situación de doliente y me convierta en un yo vidente. Este yo que ve al otro yo doliente, es ahora el yo verdadero, el ejecutivo, el presente. El yo doliente, hablando con precisión, fue, y ahora es sólo una imagen, una cosa u objeto que tengo delante.

De este modo llegamos al último escalón del análisis: «yo» no es el hombre en oposición a las cosas, «yo» no es este sujeto en oposición al sujeto «tú» o «él», «yo», en fin, no es ese «mí mismo», *me ipsum* que creo conocer cuando practico el apotegma délfico: «Conócete a ti mismo». Esto que veo levantarse sobre el horizonte y vacilar sobre las alongadas nubes de alborada como un ánfora de oro, no es el sol, sino una imagen del sol; del mismo modo el «yo» que me parece tener tan inmediato a mí, es sólo la imagen de mi «yo».

No es éste el lugar adecuado para mover guerra al pecado original de la época moderna que, como todos los pecados originales, a decir verdad, fue condición necesaria de no pocas virtudes y triunfos. Me refiero al subjetivismo, la enfermedad mental de la Edad que empieza con el Renacimiento y consiste en la suposición de que lo más cercano a mí soy yo –es decir, lo más cercano a mí en cuanto a conocimiento, es mi realidad o yo en cuanto realidad. Fichte, que fue antes que nada y sobre todo un hombre excesivo, lo excesivo elevado a la categoría de genio, señala el grado máximo de esta fiebre subjetiva, y bajo su influjo transcurrió una época en que, a cierta hora de la mañana, dentro de las aulas germánicas se sacaba el mundo del yo como se saca uno el pañuelo del bolsillo. Después de que Fichte iniciase el descenso del subjetivismo, y acaso en estos momentos, se anuncia como el vago perfil de una costa, la nueva manera de pensar exenta de aquella preocupación.

Ese *yo,* a quien mis conciudadanos llaman Fulano de Tal, y que soy yo mismo, tiene para mí, en definitiva, los mismos secretos que para ellos. Y, viceversa: de los demás hombres y de las cosas no tengo noticias menos directas que de mí mismo. Como la luna me muestra sólo su pálido hombro estelar, mi «yo» es un transeúnte embozado, que pasa ante mi conocimiento, dejándole ver sólo su espalda envuelta en el paño de una capa.

Del dicho al hecho hay gran trecho –exclama el vulgo. Y Nietzsche: «Es muy fácil pensar las cosas; pero es muy difícil serlas». Esa distancia que va del dicho al hecho, de pensar algo a ser ese algo, es la misma exactamente que media entre *cosa* y *yo*.

IV

EL OBJETO ESTÉTICO

De suerte que llegamos al siguiente rígido dilema: no podemos hacer objeto de nuestra comprensión, no puede existir para nosotros nada si no se convierte en imagen, en concepto, en idea –es decir, si no deja de ser lo que es, para transformarse en una sombra o esquema de sí mismo. Sólo con una cosa tenemos una relación íntima: esta cosa es nuestro individuo, nuestra vida, pero esta intimidad nuestra al convertirse en imagen deja de ser intimidad. Cuando decía que en el «yo ando» nos referíamos a un andar que fuera visto por su interior, aludía a una relativa interioridad; con respecto a la imagen del moverse un cuerpo en el espacio es la imagen del movimiento de mis sensaciones y sentimientos como una interioridad. Pero *la verdadera intimidad que es algo en cuanto ejecutándose,* está a igual distancia de la imagen de lo externo como de lo interno.

La intimidad no puede ser objeto nuestro ni de la ciencia, ni en el pensar práctico, ni en el representar maquinativo. Y, sin embargo, es el verdadero ser de cada cosa, lo único suficiente y de quien la contemplación nos satisfaría con plenitud.

Dejemos el perseguir la cuestión de si es posible racionalmente y de cómo será posible llegar a hacer objeto de nuestra contemplación lo que parece condenado a no ser nunca objeto. Esto nos llevaría demasiado adentro en tierras metafísicas. Coloquémonos con alguna atención frente a una obra de arte –el *Pensieroso*, por ejemplo, divinamente quieto bajo la luz frígida de la capilla medicea. Y preguntémonos qué cosa es la que, en última instancia, sirve de término, de objeto y tema a nuestra contemplación.

No es el bloque de mármol, como una imagen de realidad: nos es evidente que a poder retenerlo en todos sus detalles como recuerdo, su existencia material parecería indiferente. La conciencia de la realidad de aquel cuerpo marmóreo no interviene en nuestra fruición estética –o interviene, mejor dicho, sólo como medio para que nosotros vengamos a la intuición de un objeto puramente imaginario que podríamos transportar íntegramente en nuestra fantasía.

Mas tampoco el objeto fantástico es el objeto estético. Un objeto fantástico no tiene por qué ser distinto de un objeto real: la diferencia entre ambos se reduce a que una misma cosa nos la representamos como existente o como inexistente. Mas el *Pensieroso* es un nuevo objeto de calidad incomparable con quien nos sentimos en relación merced a aquel objeto de fantasía. Empieza, justamente, donde acaba toda imagen. No es la blancura de este mármol, ni estas líneas y formas, sino aquello a que todo esto alude, y que hallamos súbitamente ante nosotros con una presencia de tal suerte plenaria que sólo podríamos describirla con estas palabras: absoluta presencia.

¿Qué diferencia hay entre la imagen visual que a veces tenemos de un hombre pensando frente a nosotros y el pensar del *Pensieroso*? Aquella imagen visual obra como una narración sobre nosotros, nos dice que allí, a nuestra vera alguien piensa: hay siempre una distancia entre lo que se nos da en la imagen y aquello a que la imagen se refiere. Mas, en el *Pensieroso* tenemos el acto mismo de pensar ejecutándose. Presenciamos lo que de otro modo no puede sernos nunca presente.

Trivial y errónea es la descripción que un estético contemporáneo da de esta peculiarísima manera de conocimiento, de saber de un objeto, que nos ofrece el arte. Según Lipps, proyecto mi yo en el trozo de mármol pulido, y esa intimidad del *Pensieroso* sería como el disfraz de mí mismo. Esto es evidentemente falso: me doy perfecta cuenta de que el *Pensieroso* es él y no yo, es su *yo* y no el mío.

El error de Lipps es hijo de aquel prurito subjetivista a que antes me he referido como si esa transparencia literalmente incomparable del objeto estético pudiera tenerla para mí, fuera del arte, mi *yo*. No en la introspección, no observándome a mí mismo, encuentro la intimidad del pensar como en este volumen marmóreo. Nada más falso que suponer en el arte un subterráneo de la vida interior, un método para comunicar a los demás lo que fluye en nuestro subterráneo espiritual. Para esto está el idioma; pero el idioma alude, meramente, a la intimidad, no la ofrece.

Adviértanse los tres términos que intervienen en toda expresión idiomática. Cuando digo «me duele» es preciso distinguir: 1.°, el dolor mismo que yo siento; 2.°, la imagen mía de ese dolor, la cual no me duele; 3.°, la palabra «me duele». ¿Qué es lo que transporta al alma vecina este sonido «me duele», qué es lo que significa? No el dolor doliendo, sino la imagen anodina del dolor.

La narración hace de todo un fantasma de sí mismo, lo aleja, lo traspone más allá del horizonte de la actualidad. Lo narrado es un «fue». Y el *fue* es la forma esquemática que deja en el presente lo que está ausente, el ser de lo que ya no es –la camisa que la sierpe abandona.

Pues bien, pensemos lo que significaría un idioma o un sistema de signos expresivos de quien la función no consistiera en narrarnos las cosas, sino en presentárnoslas como ejecutándose.

Tal idioma es el arte: esto hace el arte. El objeto estético es una intimidad en cuanto tal –es todo en cuanto *yo*.

No digo –¡cuidado!– que la obra de arte nos descubra el secreto de la vida y del ser: sí digo que la obra de arte nos agrada con ese peculiar goce que llamamos estético, por *parecernos* que nos hace patente la intimidad de las cosas, su realidad ejecutiva –frente a quien las otras noticias de la ciencia *parecen* meros esquemas, remotas alusiones, sombras y símbolos.

V

LA METÁFORA

Nuestra mirada al dirigirse a una cosa, tropieza con la superficie de ésta y rebota volviendo a nuestra pupila. Esta imposibilidad de penetrar los objetos, da a todo acto cognoscitivo –visión, imagen, concepto–, el pecu-

liar carácter de dualidad, de separación entre la cosa conocida y el sujeto que conoce. Sólo en los objetos trans-
parentes, un cristal, por ejemplo, parece no cumplirse
esta ley: mi vista penetra en el cristal; es decir, paso yo bajo
la especie de acto visual al través del cuerpo cristalino y
hay un momento de compenetración con él. En lo transparente somos la cosa y yo uno. Sin embargo, ¿acontece
esto en rigor? Para que la transparencia del cristal sea verdadera es menester que dirija mi vista a su través, en dirección a otros objetos donde la mirada rebote: un cristal
que miráramos sobre un fondo de vacío no existiría para
nosotros. La esencia del cristal consiste en servir de tránsito a otros objetos: su ser es precisamente no ser él, sino
ser las otras cosas. ¡Extraña misión de humildad, de negación de sí mismos, adscrita a ciertos seres! La mujer
que es, según Cervantes, «un cristal transparente de her-
mosura» parece también condenada a «ser lo otro que
ella», en lo corporal, como en lo espiritual, parece destinada la mujer a ser un aromado tránsito de otros seres, a
dejarse penetrar del amante, del hijo.

Pero a lo que iba: si en lugar de mirar otras cosas al través del vidrio hago a éste término de mi misión, entonces
deja de ser transparente y hallo ante mí un cuerpo opaco.

Este ejemplo del cristal puede ayudarnos a comprender intelectualmente lo que instintivamente, con perfecta y sencilla evidencia, nos es dado en el arte, a saber: un
objeto que reúne la doble condición de ser transparente
y de que lo que en él transparece no es otra cosa distinta
sino él mismo.

Ahora bien, este objeto que se transparenta a sí mismo,
el objeto estético, encuentra su forma elemental en la

metáfora. Yo diría que objeto estético y objeto metafórico son una misma cosa, o bien, que la metáfora es el objeto estético elemental, la célula bella.

Una injustificada desatención por parte de los hombres científicos mantiene la metáfora todavía en situación de *terra incognita*. Mas no voy a pretender en estas páginas fugitivas la construcción de una teoría de la metáfora y he de limitarme a indicar cómo en ella se revela de un modo evidente el genuino objeto estético.

Ante todo conviene advertir que el término «metáfora» significa a la par un procedimiento y un resultado, una forma de actividad mental y el objeto mediante ella logrado.

Un poeta de Levante, el señor López Picó, dice que el ciprés

és com l'espectre d'una flama morta

He ahí una sugestiva metáfora. ¿Cuál es en ella el objeto metafórico? No es el ciprés ni la llama ni el espectro; todo esto pertenece al orbe de las imágenes reales. El objeto nuevo que nos sale al encuentro es un «ciprés-espectro de una llama». Ahora bien, tal ciprés no es un ciprés, ni tal espectro, un espectro, ni tal llama, una llama. Si queremos retener lo que puede del ciprés quedar una vez hecho llama y de ésta hecha ciprés, se reduce a la nota real de identidad que existe entre el esquema lineal del ciprés y el esquema lineal de la llama. Ésta es la semejanza real entre una y otra cosa. En toda metáfora hay una semejanza real entre sus elementos y por esto se ha creído que la metáfora consistía esencialmente en una asimilación, tal vez en una aproximación asimilatoria de cosas muy distantes.

Esto es un error. En primer lugar, esa mayor o menor distancia entre las cosas no puede querer decir sino un mayor o menor parecido entre ellas; muy distantes, por tanto, equivale a muy poco parecidas. Y, sin embargo, la metáfora nos satisface precisamente porque en ella averiguamos una coincidencia entre dos cosas más honda y decisiva que cualesquiera semejanzas.

Pero además, si al leer el verso de López Picó fijamos la atención, insistimos premeditadamente en lo que ambas cosas tienen de real similitud –el esquema lineal del ciprés y de la llama– advertiremos que todo el encanto de la metáfora se desvanece dejándonos delante una muda, insignificante observación geométrica. No es, pues, la asimilación real lo metafórico.

En efecto, la semejanza positiva es la primera articulación del aparato metafórico, pero sólo esto. Necesitamos del parecido real, de cierta aproximación capaz de ser razonada entre dos elementos, mas con un fin contrario al que suponemos.

Adviértase que las semejanzas donde las metáforas se apoyan son siempre inesenciales desde el punto de vista real. En nuestro ejemplo la identidad del esquema lineal entre un ciprés y una llama es de tal modo extrínseca, insignificante para cada uno de muchos elementos que no vacilamos en considerarla como un pretexto.

El mecanismo, pues, acaso sea el siguiente: se trata de formar un nuevo objeto que llamaremos el «ciprés bello» en oposición al ciprés real. Para alcanzarlo es preciso someter éste a dos operaciones: la primera consiste en libertarnos del ciprés como realidad visual y física, en aniquilar el ciprés real; la segunda consiste en dotarlo de esa nueva cualidad delicadísima que le presta el carácter de belleza.

Para conseguir lo primero buscamos otra cosa con quien el ciprés posea una semejanza real en algún punto, para ambos sin importancia. Apoyándonos en esta identidad inesencial afirmamos su identidad absoluta. Esto es absurdo, es imposible. Unidos por una coincidencia, en algo insignificante, los restos de ambas imágenes se resisten a la compenetración, repeliéndose mutuamente. De suerte que la semejanza real sirve en rigor para acentuar la desemejanza real entre ambas cosas. Donde la identificación real se verifica no hay metáfora. En ésta vive la conciencia clara de la no-identidad.

Max Müller ha hecho notar que en los Vedas la metáfora no ha encontrado todavía para expresar su radical equívoco la palabra «como». En cambio, se nos presenta la operación metafórica a la intemperie, despellejada y asistimos a este momento de negación de la identidad. El poeta védico no dice «firme como una roca», sino *sa, parvato na acyutas –ille firmus, non rupes.* Como si dijera: la firmeza es, por lo pronto, sólo un atributo de las rocas –pero él es también firme–, por tanto, con una nueva firmeza que no es la de las rocas, sino de otro género. Del mismo modo el poeta ofrece al Dios su himno *non suavem cibum,* que es dulce, pero no es un manjar. La ribera avanza mugiendo, «pero no es un toro»[1].

La lógica tradicional hablaba del modo *tollendo ponens* en que la negación de una cosa es a la vez afirma-

1. Max Müller, *Origine et développement de la religion*, p. 179.

ción de una nueva. Así, aquí el ciprés-llama no es un ciprés real, pero es un nuevo objeto que conserva del árbol físico como el molde mental –molde en que viene a inyectarse una nueva sustancia ajena por completo al ciprés, la materia espectral de una llama muerta[1]. Y, viceversa, la llama abandona sus estrictos límites reales –que hacen de ella una llama y nada más que una llama– para fluidificarse en un puro molde ideal, en una como tendencia imaginativa.

El resultado de esta primera operación es, pues, el aniquilamiento de las cosas en lo que son como imágenes reales. Al chocar una con otra rómpense sus rígidos caparazones y la materia interna, en estado fundente, adquiere una blandura de plasma, apto para recibir una nueva forma y estructura. La cosa ciprés y la cosa llama comienzan a fluir y se tornan en tendencia ideal ciprés y tendencia ideal llama. Fuera de la metáfora, en el pensar extrapoético, son cada una de estas cosas término, punto de llegada para nuestra conciencia, son sus objetos. Por esto, el ir hacia una de ellas, excluye el ir hacia la otra. Mas al hacer la metáfora la declaración de su identidad radical, con igual fuerza que la de su radical no-identidad, nos induce a que no busquemos aquélla en lo que ambas cosas son como imágenes reales, como términos objetivos; por tanto, a que hagamos de éstas un mero punto de partida, un material, un signo más allá del cual hemos de encontrar la identidad en un

1. Claro es que en este ejemplo hay tres metáforas: la que hace del ciprés una llama, la que hace de la llama un espectro, la que hace de la llama una llama muerta. Para simplificar analizo sólo la primera.

nuevo objeto, el ciprés a quien, sin absurdo, podamos tratar como a una llama.

Segunda operación: una vez advertidos de que la identidad no está en las imágenes reales, insiste la metáfora tercamente en proponérnosla. Y nos empuja a otro mundo donde por lo visto es aquélla posible.

Una sencilla observación nos hace encontrar el camino hacia ese nuevo mundo, donde los cipreses son llamas.

Toda imagen tiene, por decirlo así, dos caras. Por una de ellas es imagen de esta o aquella cosa; por otra es, en cuanto imagen, algo mío. Yo veo el ciprés, yo tengo la imagen, yo imagino el ciprés. De suerte que, con respecto al ciprés, es *sólo* imagen; pero con respecto a mí es un estado real mío, es un momento de mi yo, de mi ser. Naturalmente, mientras se está *ejecutando* el acto vital mío de ver el ciprés, es éste el objeto que para mí existe; qué sea yo en aquel instante constituye para mí un secreto ignorado. Por un lado, pues, es la palabra ciprés nombre de una cosa; por otro es un verbo –mi ver el ciprés. Si ha de convertirse, a su vez, en objeto de mi percepción este ser o actividad mía, será preciso que me sitúe, digámoslo así, de espaldas a la cosa ciprés, y desde ella, en sentido inverso al anterior, mire hacia dentro de mí, y vea al ciprés des-realizándose, transformándose en actividad mía, en *yo*. Dicho en otra forma, será preciso que halle el modo de que la palabra «ciprés», expresiva de un sustantivo, entre en erupción, se ponga en actividad, adquiera un valor verbal.

A lo que toda imagen es como estado ejecutivo mío, como actuación de mi yo, llamamos sentimiento. Es un error superado en la reciente psicología el de limitar este nombre a los estados de agrado y desagrado, de alegría y tristeza. Toda imagen objetiva, al entrar en nuestra conciencia o partir de ella, produce una reacción subjetiva –como el pájaro al posarse en una rama o abandonarla la hace temblar, como al abrirse o cerrarse la corriente eléctrica se suscita una nueva corriente instantánea. Más aún: esa reacción subjetiva no es sino el acto mismo de percepción, sea visión, recuerdo, intelección, etcétera. Por esto precisamente no nos damos cuenta de ella; tendríamos que desatender el objeto presente para atender a nuestro acto de visión y, por tanto, tendría que concluir este acto. Volvemos a lo que más arriba decíamos: nuestra intimidad no puede ser directamente objeto para nosotros.

Tornemos a nuestro ejemplo. Se nos invita primero a que pensemos en un ciprés; luego se nos quita de delante el ciprés y se nos propone que en el mismo lugar ideal que él ocupaba situemos el espectro de una llama. De otro modo: hemos de ver la imagen de un ciprés al través de la imagen de una llama, lo vemos como una llama, y viceversa. Pero una y otra se excluyen, se son mutuamente opacas. Y, sin embargo, es un hecho que al leer este verso caemos en la cuenta de la posible compenetración perfecta entre ambas –es decir, de que la una, sin dejar de ser lo que es, puede hallarse en el lugar mismo en que la otra está; tenemos, pues, un caso de transparencia que se verifica en el lugar sentimental de ambas[1].

1. La palabra «metáfora» –transferencia, transposición– indica etimológicamente la posición de una cosa en el lugar de otra: *quasi in*

El sentimiento-ciprés y el sentimiento-llama son idénticos. ¿Por qué? ¡Ah!, no sabemos por qué: es el hecho siempre irracional del arte, es el absoluto empirismo de la poesía. Cada metáfora es el descubrimiento de una ley del universo. Y, aun después de creada una metáfora, seguimos ignorando su porqué. Sentimos simplemente una identidad, vivimos ejecutivamente el ser ciprés-llama.

Con esto cortamos aquí el análisis de nuestro ejemplo. Hemos hallado un objeto constituido por tres elementos o dimensiones: la cosa ciprés, la cosa llama –que se convierten ahora en meras propiedades de una tercera persona–, el lugar sentimental o la forma *yo* de ambas. Las dos imágenes dotan al nuevo cuerpo maravilloso de carácter objetivo; su valor sentimental le presta el carácter de profundidad, de intimidad. Cuidando de acentuar por igual ambas palabras podíamos llamar al nuevo objeto *ciprés sentimental*.

Esta es la nueva cosa conquistada –para algunos símbolo de la suprema realidad. Así Carducci:

> *E già che la metafora, regina*
> *Di nascita e conquista,*
> *È la sola gentil, salda, divina*
> *Verità che sussista...*

alieno loco collocantur, dice Cicerón (*De oratore,* III, 38). Sin embargo, la transferencia es en la metáfora siempre mutua: el ciprés es la llama y la llama es el ciprés –lo cual sugiere que el lugar donde se pone cada una de las cosas no es el de la otra, sino un lugar sentimental, que es el mismo para ambas. La metáfora, pues, consiste en la transposición de una cosa desde su lugar real a su lugar sentimental.

VI

EL ESTILO O LA MUSA

Una última consideración me importa añadir aquí. La doctrina casi universal de la estética tiende a definir el arte –con unos u otros términos– como una expresión de la interioridad humana, de los sentimientos del sujeto. No voy a discutir en estas páginas esta opinión tan general como autorizada, sino meramente a subrayar el punto de discrepancia entre ella y lo expuesto en las páginas anteriores.

El arte no es sólo una actividad de expresión de tal suerte que lo expresado, bien que inexpreso, existiera previamente como realidad. En el sucinto análisis del mecanismo metafórico que acabo de hacer, los sentimientos no son el término del trabajo poético. Es falso, facticiamente falso que en una obra de arte se exprese un sentimiento real. En nuestro ejemplo, el objeto estético es literalmente un objeto, aquél que llamábamos *ciprés sentimental.* De modo que el sentimiento es en el arte también signo, medio expresivo, no lo expresado, material para una nueva corporeidad *sui generis.* «Don Quijote» no es ni un sentimiento mío, ni una persona real o imagen de una persona real: es un nuevo objeto que vive en el ámbito del mundo estético, distinto éste del mundo físico y del mundo psicológico.

Lo que ocurre es que la función expresiva del idioma se limita a expresar con unas imágenes (las sonoras o visuales de las palabras) otras imágenes –las cosas, las personas, las situaciones, los sentimientos–, y el arte, en cambio, usa de los sentimientos ejecutivos como medios de expresión y merced a ello da a lo expresado el carácter de estarse ejecutando. Diríamos que, si el idioma nos habla de las cosas, alude a ellas simplemente, el arte las efectúa. No hay inconveniente en conservar para el arte el título de función expresiva, con tal de que se admitan dos potencias distintas en el expresar, la alusiva y la ejecutiva.

Otra consecuencia de importancia deduzcamos, bien que al paso de todo lo antedicho: *El arte es esencialmente* IRREALIZACIÓN. Podrá, dentro del ámbito estético, haber ocasión para clasificar las tendencias diversas en idealistas y realistas, pero siempre sobre el supuesto ineludible de que es la esencia del arte creación de una nueva objetividad nacida del previo rompimiento y aniquilación de los objetos reales. Por consiguiente, es el arte doblemente irreal; primero, porque no es real, porque es otra cosa distinta de lo real; segundo, porque esa cosa distinta y nueva que es el objeto estético, lleva dentro de sí como uno de sus elementos la trituración de la realidad. Como un segundo plano sólo es posible detrás de un primer plano, el territorio de la belleza comienza sólo en los confines del mundo real.

En el análisis de la metáfora veíamos de qué suerte todo viene a parar en hacer de nuestros sentimientos medios de expresión, precisamente en lo que tienen de inexpresables. El mecanismo para lograr esto consistía en perturbar nuestra visión natural de las cosas, de modo que al amparo de esa perturbación se alce con el influjo decisivo lo que de ordinario nos pasa desapercibido: el valor sentimental de las cosas.

Son, pues, la superación o rompimiento de la estructura real de éstas, y su nueva estructura o interpretación sentimental, dos caras de un mismo proceso.

La peculiar manera que en cada poeta hay de desrealizar las cosas es el estilo. Y como, mirado por la otra cara, la desrealización no se logra si no es por una supeditación de la parte que en la imagen mira al objeto a la parte que ella tiene de subjetiva, de sentimental, de porciúncula de un *yo* –se comprende que haya podido decirse: el estilo es el hombre.

Pero no se olvide que esa subjetividad sólo existe en tanto que se ocupa con cosas, que sólo en las deformaciones introducidas en la realidad aparece. Más claro: el estilo procede de la individualidad del «yo», pero se verifica en las cosas.

El yo de cada poeta es un nuevo diccionario, un nuevo idioma al través del cual llegan a nosotros objetos, como el ciprés-llama, de quien no teníamos noticia. En el mundo real podemos tener las cosas antes que las palabras en que nos son aludidas, podemos verlas o tocarlas antes de saber sus nombres. En el orbe estético es el estilo, a la vez, palabra y mano y pupila: sólo en él y por él venimos a noticia de ciertas nuevas criaturas. Lo que un estilo dice no lo puede decir otro. Y hay estilos que son de léxico muy rico y pueden arrancar de la cantera misteriosa innumerables secretos. Y hay estilos que sólo poseen tres o cuatro vocablos, pero merced a ellos llega a nosotros un rincón de belleza que, de otra suerte, quedaría nonato. Cada poeta verdadero, cuantioso o exiguo, es, por tal razón, insustituible. Un científico es superado por otro que le sigue: un poeta es siempre literalmente insuperable.

En cambio, resulta patente la incongruencia de toda imitación en arte. ¿Para qué? En ciencia tiene valor precisamente lo que se puede repetir: mas el estilo es siempre unigénito.

Yo siento, por esto, una religiosa emoción cuando en la lectura de obras poéticas recientes –que sólo en horas de exquisita, ferviente superfluidad realizo– me parece sorprender más allá de las virtudes de plenitud, armonía y corrección, el vagido inicial de un estilo que germina, el vago sonreír primero de una nueva musa niña. Es la promesa de que el mundo nos va a ser aumentado.

VII

EL PASAJERO O UNA NUEVA MUSA

Y esto es para mí todo el librito de Moreno Villa. Hay en él un poema titulado «En la selva fervorosa», que debe el lector leer con sumo recogimiento. Hay allí una poesía pura. No hay en él más que poesía. Se halla exento de aquel *minimum* de realidad que el simbolismo conservaba al querer dar la *impresión de las cosas.* No se conserva de éstas ni siquiera la impresión (como en las composiciones descriptivas que preceden al poema acontece).

Entre todas las cualidades físicas hay una donde apunta ya la irrealidad: es el aroma. Para percibirlo buscamos como un ensimismamiento: sentimos que nos es preciso aislarnos del contorno, el cual nos sujeta e incrusta en el orden utilitario de las realidades. Para ello cerramos los ojos y damos unas cuantas aspiraciones hondas a fin de quedarnos por un momento solos con el aroma. Algo parecido exige la comprensión del poema citado, compuesto con carne de odoraciones.

Desde el fondo druídico de esa selva nos sonríe una nueva musa que aspira a crecer, y un día, esperamos, llegará a la plenitud de sí misma.

En nuestro tórrido desierto una rosa va a abrirse.

1914

[El novecentismo]

Aparte unas cuantas palabras pronunciadas en una reunión de estudiantes es ésta la vez primera que me dirijo al público bonaerense desde las tablas de un teatro. Confieso que me ha costado no poco esfuerzo resolverme a ello y sólo he roto mi contraria norma ante la reiterada invitación de estos hombres que colaboran en *Nosotros*, con los cuales, dejando a un lado múltiples divergencias, me une un común afán de combatir por el triunfo del espíritu.

Este mi horror hacia las bambalinas no ha de interpretarse como desdén por el arte teatral. Al contrario: los teatros me parecen edificios necesarios, excelentes para que en ellos luzcan los actores sus admirables juegos imitativos y los poetas municipales arrebaten al amplio auditorio recitando sus poesías de ornamento. Pero es el caso que yo no soy ni lo uno ni lo otro sino un temperamento sencillo, propenso a meditaciones que no sabe hablar más que en voz baja, como al oído, de cosas graves e inmensas, que no toleran frivolidad alguna porque cada una de ellas envía una raíz a la raíz misma de nuestra persona.

Los últimos setenta años –de los cuales vamos hoy a murmurar bastante– parecen haberse ocupado en desprestigiar las más nobles potencias del hombre, y una de ellas la palabra.

Son las palabras, señores, místicas ampolluelas incorpóreas que se desprenden de los senos del alma y en el aire vibrátil se quiebran derramando sus esencias de intimidad. Ellas llevan nuestros pensamientos y nuestros temblores sentimentales, partículas de nosotros mismos y que quedan impregnando la atmósfera y hacen del aposento donde resuenan como una ampliación del propio ánimo. La palabra es confesión. Todo otro destino que se le quiera dar es sucedáneo o impío y el idioma siempre que aspira a la plenitud de su misión consistirá en un verter nuestro alma sobre el alma ajena, intentando romper la terrible, radical soledad de los espíritus. Porque la vida social, tan enferma de ficciones, finge entre nosotros *proximidades* que en rigor no existen. Al contrario, en hora de necesidad con nosotros mismos, sólo nos sentimos nuestras almas rodar como astros mudos, las unas sobre las otras, pero siempre las unas fuera de las otras, sin que se penetren, sin que se conozcan, sin que se deseen. Cuando el fiero viento africano sopla sobre la duna del desierto empuja el tropel de las arenas en una misma dirección. Al verlas nosotros sacudidas por el aéreo remolino decimos que van juntas, pero cada uno de los granos arenosos suspenso en el aire no sabe nada del grano más próximo, que vuela como él arrebatado por el mismo empuje elemental.

Frente a esta soledad nativa tiene la palabra un oficio exquisitamente religioso porque religión es obra de religar, de unir, de comunicación, de comunión. Recordad la más bella palabra del Cristo, palabra de transcendente democracia: Siempre que estéis juntos me tendréis entre vosotros –es decir, cuando los hombres tienen la energía de romper su aislamiento y fluyen las almas al través unas de otras, como líquidas corrientes, entonces desciende sobre ellas una divina potencia.

Mas para ello es menester –como alguna vez he dicho– que el orador deje de ser un juglar y empiece a ser un hermano de su público, que tenga la valentía y la humildad de abrir las puertas de su morada íntima e invitar a los que escuchan a circular por ella, exponiéndose claro está a que sorprendan en nosotros pensamientos incompletos, ignorancias insospechadas y, tal vez, una turbia, impura emoción nuestra que avergonzada, para no ser vista, bien quisiera embozarse en un pliegue de retórica.

El teatro es ficción y la palabra confesión. Como yo no sé hablar de otra manera comprenderéis que no es ingrato pensar que un trozo de mí mismo queda enredado en una bambalina símbolo de la farsa.

Gran número de cuadros italianos de la mejor época lleva un título común que siempre ha levantado en mi interior melancólicas emanaciones: se titulan *Santa conversazione*. Siempre hay en ellos una *Madonna* de luminosas mejillas, sentada en un trono y en torno a ella dos, cuatro o seis santos que la hacen contertulia. No cabe nada más sencillo, ¿no es cierto? Y sin embargo, no es una conversación como otra cualquiera. En primer lugar los interlocutores no se miran siquiera: sus labios no se mueven, sus cuerpos han tomado actitudes en que podrían permanecer durante toda la eternidad. Al punto advertimos que allí se habla sólo de cosas esenciales, de los eternos temas.

Cada figura se mantiene ensimismada, como inclinada sobre su propio corazón, atenta a los rumores que en él se hacen, esperando que brote el surtidor de los cordiales pensamientos. Allí, en el fondo del propio pecho encuentra cada uno el eco de los demás, de los otros corazones igualmente profundos y líricos. Porque hablando cada cual con el fondo insobornable de sí mismo es como comprendemos, como entendemos mejor a los demás. Veis que es la *Santa conversazione* una *musica di camera* en que cada instrumento toca su tema personal confiando que un dios oculto haya entre todos asegurado, preestablecido la armonía. Pues bien, intentemos hacer esta tarde una *Santa conversazione* entre nosotros los pecadores.

Pero, ¿de qué hablaremos? Desde que me anticiparon la calidad del público que esta tarde iba a reunir aquí su benevolencia, ha sido esa pregunta para mí una congoja. ¡Han sido mi vida, mis preocupaciones, mis dolores, mis entusiasmos tan lejanos de los vuestros!

Pero, ¿de qué hablaremos? Cómo podrá nada mío interesaros –somos tan distintos, somos tan remotos– a despecho de la supuesta fraternidad hispanoamericana que suele presentarse al final de los banquetes entre el champagne y la adición –como la mano fatídica en casa de Baltasar. Somos muy remotos: yo he nacido en una antigua raza venerable, harta de gloria y de angustias, al tiempo que esta raza parecía tenderse hacia la muerte. Con otros hombres de las nuevas generaciones, más fuertes que yo, más puros que yo, he luchado por renovar la conciencia española y para ello he vagado el mundo en busca de las más abstractas disciplinas. Allá en mi tierra no soy más que un dómine entusiasta que vive solitario entre montañas de granito de las más viejas del planeta, dejando que sobre mí vierta su enorme sombra ascética el enorme y sombrío Monasterio del Escorial. A la manera de una amonestación, de un imperativo mientras hablo se me presenta la imagen del colosal monumento, símbolo de mi raza, nuestra gran piedra lírica, que aguarda en el paisaje de granito hosco y silencioso, como un pedernal gigantesco, la mano española que ha de arrancarle la chispa espiritual.

Y estoy ante vosotros, gentes que habitan en la blanda ribera del Plata sobre una ancha tierra grasa. Pueblo de vida germinal, como Leibniz diría un pueblo en *status nascens*, absorbido por la organización económica, lleno de optimismo aspirante, poco preocupado, demasiado poco preocupado de ciencia —ya veis mi sinceridad—, pero fuerte, sano y niño como aquel retoño de cíclopes que cuando era infante, según canta el poeta, sentado sobre las colinas jugaba con las águilas.

Somos muy distintos y para mayor congoja han venido damas esta tarde —¿cómo adivinar que interesaría a esas damas bonaerenses de cuyos sentimientos conozco sólo como se conocen las estrellas, es decir otros mundos misteriosos que miramos desde el nuestro? Porque yo también, yo me he dejado alguna vez conducir hacia Palermo donde

camináis rápidas, sin pesar sobre la tierra, como [...] y os he
visto pasar con vuestros grandes ojos oscuros habitados
por enjambres de esperanzas. Convenid conmigo en que
para un modesto profesor de filosofía nada [de] ello es
tranquilizador. Vosotros de mí, yo de vosotros, hemos vivido a miles de leguas en el espacio y en las intenciones: lo
que yo pienso y amo y sufro y odio ¿cómo podrá interesaros? Y sin embargo, he aquí que peregrino de humanidad
mi corazón como un cometa errabundo y encendido va a
rozar un instante el curso de vuestra alma porteña.

Bajo estas innegables diferencias que he querido acentuar hay entre nosotros profundas identidades. Tenemos
por lo menos una dimensión común: la de la fecha, la de
la época, el tiempo en que vivimos. Por nuestras venas
corre la sangre de este siglo joven que padece iniciación
tan turbulenta. Pertenecemos, pues, al mismo remolino,
la misma ráfaga del vendaval nos mantiene a todos sus-
pensos sobre el abismo de la vida.

De esto, pues, creo que debo hablaros: del novecentis-
mo. El 1900 no significa sólo una cifra que varía en el
calendario, es una nueva sensibilidad en los corazones.
Pocas veces habrá coincidido la aparición de la fecha secular con un cambio tan rápido y tan hondo en la manera
de sentir. Desde luego advierto que en nada me refiero
a la guerra actual, que, en forma inaudita, ha incendiado la
línea toda del horizonte. Las guerras no crean ni aniqui-
lan nada espiritual; son a lo sumo vehículos grandiosos
de ideas y sentimientos. Así los soldados de Grecia y los
de Napoleón, al herir con sus lanzas a los pueblos bárba-
ros, los dejaban infeccionados del sublime temblor de
sus sabios y poetas.

Por muy hondo que sea el fenómeno guerrero, más profundo el cambio de sensibilidad que trae una época.

Porque qué porciones del mundo existen para nosotros en cada instante depende más que de las cosas del mundo del estado de nuestra atención. De lo existente llega a nosotros en cada hora sólo aquella parte favorecida por nuestro interés, por nuestra sensibilidad. El que habita junto a una catarata no suele oír su espumoso estruendo y el hombre absorbido en reflexiones está ciego para cuanto le rodea. Una súbita mudanza en nuestra atención produce un cambio increíble en nuestro panorama.

El carácter de cada individuo podría definirse por la clase de objetos hacia que gravita espontáneamente su atención. Éste va hacia el arte, el otro hacia la política ambición, aquél va hacia los placeres fatales como las piedras hacia el centro de la tierra. La atención de unos es retenida por el recuerdo, por las cosas pretéritas y no ven encorvados sobre el gravamen de las reminiscencias, en tanto que otros sólo perciben lo futuro, porvenir, almas dotadas de largas alas utópicas que no les dejan posarse sobre lo presente y actual.

Pues bien, señores, una nueva época no es sino un nuevo régimen de la atención.

Pero no somos sólo ojos, oídos y pensamiento: más profundamente que ojos, oídos y pensamiento somos emoción. Hay un atender y desatender sentimentales que solemos llamar estimación y desestimación. Cuando vemos o pensamos algo, además de verlo o pensarlo, hacemos recaer sobre ello una valoración o evaluación. Nada hay que estrictamente nos sea indiferente: lo amamos o lo odiamos, lo estimamos o lo menospreciamos, lo sentimos como bueno o como malo, sobre todo lo preferimos o lo posponemos. Llevamos en nuestro pecho una incansable, trémula máquina de preferir que nos hace colocar cosas y personas en una perspectiva sentimental, en un sistema de valores, en una jerarquía de rangos, desde aquel último e ínfimo donde situamos lo que nos parece abyecto, hasta aquel sublime y radiante donde elevamos lo que nos parece divinamente amable. Para que una nueva época comience ni siquiera es necesario que entren en nuestro campo visual nuevas realidades –no es menester que se descubra un mundo nuevo que se celaba entre las espumas de un mar, ni que las ciencias físicas inventen nuevos aparatos, ni que la industria y la economía cambien radicalmente.

En uno de sus cuentos fantásticos narra Wells, el ingeniero escritor británo, que un aficionado [a las] antigüedades halló en un comercio de ellas un huevo de cristal. Extrañado de que tal objeto se hallase entre rarezas de tan grande precio, le ocurrió comprarlo y salió a la calle examinando la inocente mercancía. De pronto, al dar al huevo cristalino una cierta inclinación vio reflejarse dentro de él extrañas escenas donde seres desconocidos iban y venían. Era que el huevo, puesto en aquella inclinación por una complicada serie de refracciones recogía los rayos de un planeta y reproduciendo su superficie permitía sorprender la vida doméstica del astro.

Pues bien, señores, para que un mundo nuevo, verdaderamente nuevo exista basta con que el corazón del hombre, breve nido de venas azules, se incline un poco a este lado o al otro del infinito horizonte de la vida. Basta con que modifique su perspectiva de preferencias y como en un *kaleidoskopio* las mismas piezas reales formaran un orbe distinto.

Como una alborada en oriente sentimos que gana el mundo un nuevo tinte y ordenación. Los hombres ya caducos no pueden percibirlo –los demasiado jóvenes tampoco. Notad que vuestro ánimo se compone siempre de dos legiones diversas que luchan entre sí: hasta una cierta edad no hacemos sino recibir ideas y normas de los padres, de los maestros, de la sociedad ambiente: todo eso que llevamos no es nuestro, es herencia y depósito. Conforme la vida avanza se van incorporando a nosotros ciertos juicios y criterios originales, ciertas preferencias e imperativos que no hemos aprendido de nadie, que han brotado espontáneos de nuestras entrañas, como el fruto se forma de la raíz del árbol. Al ser distintos de nuestros padres es fatal que este germinante espíritu original discrepe de lo que aprendimos y recibimos. Cada generación es el escenario de ese combate entre el pasado que se hereda y el porvenir que se crea. Y cuando la generación coincide con una crisis de la historia, el momento es gravísimo.

Así acontece hoy.

Hay generaciones en que la corriente de las ideas y los sentimientos, de la cultura, parece destinada a mudar de dirección quebrándose en bisel. ¡Cuán difícil es el destino de tales generaciones! ¡Cuántas veces han fracasado y por falta de vigor dejaron su misión incumplida! Porque creed que es precisa una grande y dolorosa energía para desentenderse de lo que padres y maestros nos enseñaron. El pasado y la tradición tienen sobre nosotros una mística autoridad; lo que contienen lo hallamos cuando nacimos, ya hecho, solemnes y como eternos. La tradición nos dice cálidas palabras de madre, tiene dulce voz de conseja, voz lenta y letal de nodriza que cuenta el buen cuento sabido junto al fuego en invierno. Pero la historia nos exige ahora que rompamos con todo eso, que seguemos las amarras y nos lancemos a alta mar en ruta ignota. Lo exige imperativamente porque si no, si perpetuamente insistimos en el pasado no llegará nunca a ser pasado: la historia se estancará y el pulso apasionado de la vida quedará muerto en las venas del hombre.

Hemos, pues, de luchar contra las seducciones tradicionales para salvarnos y con nosotros salvar el porvenir, haciendo lo que hacían los marinos mediterráneos para librarse del encanto oculto en el canto de las sirenas: cantarlo del revés. Tenemos que volvernos cara al siglo XIX, mejor dicho a su segunda mitad, clamando: Respetamos sus ideales, pero necesitamos enterrarlos para dejar espacio libre al florecer de los nuestros. Porque fueron tuyos esos ideales no pueden ser nuestros. No pretendas pervivir una vez fenecido: la tierra es para los que alientan. Recuerda que Virgilio puso en el infierno a Mecencio porque se entretenía en atar los muertos a los vivos. Buen siglo XIX, nuestro padre: ha llegado la hora de tus hijos, escucha cómo sobre tu frente yerta se anuncian sones y pasan como vagidos de tiempo nuevo.

¡Adelante!

Natural era que la nueva sensibilidad sólo comenzase su epifanía cuando la nueva generación, la primera generación novecentista, arriba a medio de camino de su existencia. Los treinta años son la edad en que los hombres empezamos a ser fieles a nosotros mismos. En la muchachez siempre preferimos otra cosa a nosotros: vivimos en constante imitación, hoy somos el héroe de esta novela que leemos, mañana nos dejamos arrebatar por la palabra del maestro, luego gesticulamos según la pauta que un personaje político nos impone.

A los treinta años, empero, doblamos un cabo, un promontorio de la existencia y súbitamente descubrimos por vez primera a lo lejos la fina línea blanca que hace la cresta de nieve del fin de la vida. Aún goza el hombre de sus jóvenes energías, pero aquella línea frígida y cándida va a subrayar todas nuestras horas, va a inclinarse severa sobre nuestros actos exigiéndonos plenitud. La vida es limitada, por tanto es preciso cargarla bien de realidades. Se acabaron los juegos, se acabó la acción imaginaria pueril en que nos contentamos con repercutir las acciones ajenas en que somos sombras de otros y nos figuramos creer lo que no creemos, y creemos amar lo que no amamos.

A los treinta años se incorpora de súbito en el hombre la resuelta voluntad de sí mismo. Es la hora de plenitud: no hay sombras ni ficciones: nuestro ánimo celebra su segundo mediodía. Entonces hacemos a la vida la demanda viril por excelencia, la que parece más sencilla y más ingenua y es, sin embargo, la más trágica. Nuestra urgente demanda a la vida es ésta: haznos felices. La existencia es demasiado breve para que la gastemos en ensayos, en fingimientos, en hacernos la ilusión de que nos contenta y satisface lo que apenas roza nuestros nervios.

Exigimos felicidad –el cumplimiento de nuestra vocación. Pero ya esta palabra felicidad pertenece al tiempo

nuevo: todavía en la atmósfera pública y vulgar dominada aún por ingredientes del siglo XIX suena mal y la
mayor parte de los oídos se asusta de la sombra que esta
palabra tiende sobre el ánimo.

En los últimos cincuenta años era intolerable que un
hombre pidiese eso: ser él feliz. Sonaba a frivolidad, si no
a pecado. El escándalo que en Europa produjo la *Casa
de muñecas* de Ibsen me sirve como prueba de lo que
digo. La Nora ibseniana es un pobre corazón anhelante
de alondra mañanera que no pide sino esto sobre la tierra: ser feliz. Pero eso sí: ser *ella* feliz –no sólo que sea
feliz su marido, ni su familia, ni el estado, ni el sistema
solar. Ella, ella misma quiere ser feliz, quiere sentir hen-
chido el breve cuenco rojo de su corazón. Y esto parecía
de tal modo absurdo e intolerable que Nora tuvo que su-
cumbir y hoy vemos en su figura norteña una heroína
novecentista y una precursora de nuestro porvenir.

Sale hacia nosotros del siglo XIX una bocanada de
atroz, agrio pesimismo: los hombres se complacían en
elaborar la lista de los dolores sublunares y en medir el
volumen de la amargura cósmica. Durante diez años sobre todo, centenares de europeos, leyendo a Schopenhauer ponían el punto a un párrafo con un pistoletazo en
la sien. Tal vez a aquel párrafo terrible e ingenioso en que
dice Schopenhauer: Quien dude de que la línea del dolor en el mundo supera a la suma del placer no tiene más
que comparar el placer de la zorra que se come a la liebre
con el dolor de la liebre al ser comida por la zorra.

Y sobre pesimista la pasada centuria era escéptica. Re-
nunciaba de buen grado a precisar las verdades últimas,
los valores definitivos y se contentaba vacilando entre

aproximaciones y relatividades. El positivismo, el agnosticismo, que eran su visión de la vida –estoy por decir, su teología–, sólo se comprenden en temperamentos indecisos, sin elasticidad ni solidaridad consigo mismos, aptos para vivir entre dos aguas, incapaces de trágica tensión. Nuestra sensibilidad es en este punto también contrapuesta a la de nuestros maestros: no estimamos la fe del carbonero pero igualmente repugnamos ese escepticismo también de carbonero. En los quince años que van de siglo el imperio ideológico ha pasado casi íntegramente de las filosofías relativistas y escépticas a nuevas doctrinas absolutistas. Esto es un hecho y si, por lo que he observado, la juventud argentina desconoce este hecho no es mía la culpa ni, por ventura, de nadie individualmente. Procede de que el pueblo argentino vive demasiado exclusivamente atenido a la influencia intelectual de un cierto pueblo ilustre y glorioso como ninguno pero que, por desgracia, ha sufrido un transitorio decaimiento. Mas el tema es harto delicado para ser ahora desenvuelto.

Más característico aún del siglo último que su pesimismo y su escepticismo frívolo es, sin embargo, su propensión utilitaria. En esta propensión podemos sorprender con toda claridad la diferencia entre su sensibilidad y la que incierta, naciente va fermentando en nuestros pechos.

La visión de la vida en el siglo XIX ha sido ante todo, sobre todo utilitaria. La utilidad, señores, no es una cosa sino un valor que las cosas tienen o no tienen. Es un valor entre otros mil –como es otro valor la bondad, o la nobleza, o la santidad. Ahora bien, el siglo XIX ha permanecido casi ciego para todo otro valor que no fuese el valor útil. Ha llegado a interpretar el bien como la utilidad y ha predicado una moral de utilitarismo y la ha inyectado en nuestras venas y muchos que creen no seguir una moral son los más siervos de ella.

En este exclusivismo de lo útil se nos hace patente la perversión espiritual de la pasada centuria porque de una como perversión o enfermedad psicológica se trata.

Utilidad es el valor que una cosa tiene cuando sirve para otra, cuando es medio para un fin.

El ideal de las nuevas generaciones parece ser más bien de un dinamismo impetuoso. Síntoma claro de ello es que han dejado de interesarnos la novela realista, que es la poesía del determinismo material, el género literario positivista. Daudet o Maupassant o Zola han transpuesto como constelaciones extemporáneas el horizonte de la atención. Y en cambio Stendhal y Dostoyewski conquistan más y más la preferencia. Porque a uno y otro no les importa en arte la realidad, sino que usan de ella meramente como de un punto de apoyo donde toman su vuelo unas pasiones. Comprenden que es absurdo repetirnos lo que ya han visto nuestros ojos, y sólo les interesa producir en el ámbito interno de la obra un puro dinamismo, un sistema de afectos tirantes, un giro tempestuoso de los ánimos. En suma, más bien que una novela, una tragedia. El conflicto en la tragedia no nace como se ha dicho de la fatalidad: este personaje anónimo no podría interesarnos. Nace, al contrario, el conflicto porque las figuras trágicas tienen una voluntad de bronce y están resueltas a no renunciar a sí mismas, a oponerse, a imponerse al medio hostil. Así mirando la obra de Shakespeare al trasluz nos parecen los personajes raudos torbellinos espírituales. Diríase que el genio tirando del velo que decora las apariencias nos revela de pronto que la vida consiste en unos como vórtices o ráfagas o torrentes elementales que en giros dantescos forman los individuos.

Todo lo contrario, pues, que adaptarse al medio exige la nueva sensibilidad. Más bien resistirse, imponerse a la vida. Por eso escuchamos emocionados lo que tácitamente nos dicen desde sus lóbregos claustros españoles los hombres cárdenos del Greco al descubrirnos sus almas incandescentes con un ligero estremecimiento de las barbas agudas.

Tenía razón Nietzsche al anunciar que el tiempo nuevo preferiría una moral dinámica y creadora a una moral de esclavitud, de inercia, a la humildad la nobleza, a la renuncia la energía, a la discreción el entusiasmo. En suma –como él dice– a las virtudes de la vida en decadencia las fuertes virtudes de la vida ascendente.

Hay en la gente nueva un ansia de adoptar y de encenderse por fuertes ideales nobles. Un ansia de incitaciones, de sacrificios, de vida personal y esforzada, de lujo de ímpetus cordiales. No nos sentimos a gusto si no es cuando ardemos por algo –Santa Liduvina. Muchos jóvenes aun a trueque de ser tachados de reaccionarios nombrarían a esta mujer llameante patrona de su sensibilidad.

Mas todo esto no son sino anhelos, apetencias, sospechas. ¿Dónde están esos ideales capaces de arrebatarnos? El siglo XIX ha dejado erial el campo de las ideas conmovedoras. Su credo se compone de imágenes pálidas y exangües que no nos incitan a vivir. Es, por tanto, preciso trabajar para hallar: ahondar en todas las ciencias y en todas las artes. Poblar de nuevo el planeta de pensamientos dinámicos.

Al ver la fuerza aprisionada en los cuerpos que esculpían Donatello y Miguel Ángel, Vasari dice que asombraban a sus contemporáneos sobre todo porque tenían *comme un gesto meraviglioso di muoversi*. Pues bien, yo diría que la nueva sensibilidad aspira a un arte, a una moral y a una vida que como los torsos del Buonarroti tengan un *meraviglioso gesto di muoversi*.

En suma, señores, que preferimos a gravitar como piedras arder como antorchas.

Divagación ante el retrato
de la marquesa de Santillana

Para mi gusto, lo más interesante de la Exposición[1] es
este cuadro de Jorge Inglés. Si los proyectos de feminidad que aquí se insinúan hubiesen madurado, esta gale-
ría de cuatro siglos sería muy otra, y muy otra la historia
de España.

Es tan femenino este cuadro, que empieza por enga-
ñar. En el transeúnte apresurado deja el recuerdo de un
recinto tranquilo y repuesto, poblado con la paz de la
oración. Sobre el reclinatorio, que hace de mística nave-
cilla, un corazón de mujer pone la proa hacia celestes
abstracciones.

Nada más femenino, repito, que ofrecer dos aspectos
muy distintos: uno para el que pasa de largo, otro para el
que se detiene devoto. Si se quiere conocer a la mujer, es

---

1. Se trata de una *Exposición retrospectiva de retratos femeninos españoles* que la Sociedad de Amigos del Arte presentó en 1918.

preciso detenerse ante ella, o, dicho de otra manera, es preciso «flirtear». No existe otro método de conocimiento. El *flirt* es a la mujer lo que el experimento a la electricidad. Pues bien, el *flirt* comienza por una detención, merced a la cual se convierte el transeúnte apresurado en interrogador que inicia una conversación particular. Cuando Fernando Lassalle, precursor del actual movimiento obrero, se iba a casar, daba la noticia a un amigo parodiando la terminología hegeliana: «Me voy a individualizar en una mujer», escribía. En efecto, la mujer no revela su segundo aspecto, el verdadero y propio, sino al que se individualiza ante ella y deja de ser el hombre en general, el que pasa de largo, cualquiera. En esto, como en todo, la psicología de la mujer es opuesta a la del varón. El alma masculina vive proyectada preferentemente hacia obras colectivas: ciencia, arte, política, negocio. Esto hace de nosotros naturalezas un poco teatrales: lo mejor, lo más propio e individual de nuestra persona, lo damos al público, a los seres innominados que leen nuestros escritos, aplauden nuestros versos, nos votan en las elecciones o compran nuestras mercancías. El escritor representa la forma extrema de esta impudorosidad al ser más íntimo con el público anónimo que con su más íntimo amigo. El hombre vive de los demás, y por ello vive para los demás. A esto aludía yo cuando hablaba del servilismo que el destino varonil lleva consigo.

La mujer, en cambio, tiene una actitud más señorial ante la existencia. No hace depender su felicidad de la benevolencia de un público, ni somete a su aceptación o repulsa lo que es más importante en su vida. Más bien al contrario, adopta una actitud de público en cuanto parece ser ella la que aprueba o desaprueba al hombre que se aproxima, la que entre otros muchos lo selecciona y escoge. De modo que el hombre, al verse preferido, se siente premiado. Es curioso que esta concepción de la mujer como premio del hombre aparece ya en las sociedades más antiguas; así, la *Ilíada* echa a volar el enjambre sonoro de sus hexámetros con el fin de contarnos la cólera de Aquiles, furioso porque le han arrebatado la dulce esclava Kriseis, que era el premio de sus hazañas. Posteriormente, el valor de este premio sube de punto al no ser concedido por la autoridad o por un tribunal, sino que se deja al premio mismo decidir quién es el premiado.

Comparada con el hombre, toda mujer es un poco princesa: vive de sí misma, y por ello vive para sí misma. Al público presenta sólo una máscara convencional, impersonal, aunque variamente modulada; sigue la moda en todo, y se complace en las frases hechas, en las opiniones recibidas. Su afición a las galas, a las joyas, a los afeites, pudiera considerarse como una objeción radical contra esto que digo. En mi entender, lejos de oponerse a ello, lo confirma. La vanidad de la mujer es más ostentosa que la del hombre precisamente porque se refiere sólo a exterioridades: nace, vive y muere en ese haz externo de su vida a que me he referido, pero no suele afectar su realidad íntima. La prueba de ello es que esa vanidad del atuendo, frecuente en la mujer, no nos permite inferir las condiciones de su carácter con la misma seguridad que si se tratase de un hombre. La vanidad del varón, menos ostentosa, es más profunda. Si el talento o la autoridad política saliesen a la cara, como ocurre con la belleza, la presencia de la mayor parte de los hombres sería insoportable. Afortunadamente, esas excelencias no consisten en rasgos quietos, sino en acciones y dinamismos que requieren tiempo y esfuerzo para ejecutarse, que no pueden ser mostradas, sino demostradas.

Tal es la diferencia en la relación con el público del hombre y la mujer, que lleva signos contrarios. Cuanto mayor aparato y cuidados pone la mujer al presentarse en público, mayor es la distancia que establece entre éste y su verdadera personalidad. Así, a medida que aumenta el boato de que una mujer se rodea, crece el número de varones que se sienten eliminados de la opción a sus preferencias y se saben condenados a una actitud de lejanos espectadores. Diríase que el lujo y la elegancia, el adorno y la joya que la dama pone entre sí y los demás, llevan el fin de ocultar su ser íntimo, de hacerlo más misterioso, remoto e inasequible. El hombre, en cambio, da a la publicidad lo que más estima en sí, su más recóndito orgullo, aquellos actos, aquellas labores en que ha puesto la seriedad de su vida. La mujer tiene un exterior teatral y una intimidad recatada: en el hombre es la intimidad lo teatral. La mujer va al teatro: el hombre lo lleva dentro y es el empresario de su propia vida.

En las ideas usuales sobre psicología de ambos sexos, no hallo debidamente acentuada esta discrepancia radical. Se trata de dos instintos contrarios: en el hombre hay un instinto de expansión, de manifestación. Siente que si lo que él es no lo es a la vista de los demás, valdría tanto como si no lo fuera. De aquí su afán de confesión, el prurito de evidenciar su persona interior. El lirismo procede, en definitiva, de este genial cinismo varonil. A veces esta propensión a expresar su intimidad, como si en la transmisión a los demás cobrara su plenaria realidad, degenera en contentarse con decir las cosas, aunque éstas no existan. Una buena parte de los hombres no tiene más vida interior que la de sus palabras, y sus sentimientos se reducen a una existencia oral.

Hay, por el contrario, en la mujer un instinto de ocultación, de encubrimiento: su alma vive como de espaldas a lo exterior, ocultando la íntima fermentación pasional. Los gestos del pudor no son sino la forma simbólica (véanse Darwin y Piderit) de ese recato espiritual. No es el cuerpo, en rigor, lo que le importa defender de las miradas masculinas, sino aquellas ideas y sentimientos suyos referentes a las intenciones del hombre con respecto a su cuerpo. El mismo origen tiene la mayor frecuencia e intensidad del azoramiento en la mujer. Es ésta una emoción suscitada por el temor de ser sorprendidos en nuestros pensamientos y afectos. Cuanto mayor es el deseo de mantener secreto algo de nuestra vida interior, más expuestos nos hallamos al azoramiento. Así el que miente suele azorarse, como si temiese que la mirada del prójimo perforara su palabra mendaz y pusiese a descubierto la verdadera intención que ocultaba. Pues bien, la mujer vive en perpetuo azoramiento, porque vive en perpetuo encubrimiento de sí misma. Una muchacha de quince primaveras suele tener ya más cantidad de secretos que un viejo, y una mujer de treinta años guarda más arcanos que un jefe de Estado.

Esta posesión de una vida propia, aparte y secreta, este señorío de una morada interior donde no se deja circular al prójimo, es una de las superioridades de la mujer sobre el hombre. En ello consiste la «distinción» nativa de la mujer, ese tenue, místico resorte que pone una distancia entre ella y nosotros. Porque «distinción», como vio muy bien Nietzsche, es ante todo un «*pathos* de la distancia» entre individuo e individuo. A esto obedece que la amistad entre las mujeres sea menos íntima que entre los hombres. Diríase que poseen una conciencia más clara de dónde empieza su vida propia e incomunicable y dónde acaba la del prójimo.

Fluye, pues, la verdadera existencia femenina larvada y oculta, defendida del público por una feminidad aparente, construida a propósito para servir de máscara y coraza. Yo creo que toda vida intensamente personal ha necesitado siempre segregar una personalidad ficticia, una especie de *dermato psique* que detenga y distraiga la hostil curiosidad de las gentes inferiores, a fin de poder, tras ese baluarte, vacar libremente a ser lo que se es. Pero esto, que en el hombre acontece por excepción, llega a ser constitutivo en la mujer.

Suele olvidar el hombre esa condición, por esencia latente, de la personalidad femenina, y por eso en su trato con la mujer va de sorpresa en sorpresa. Normalmente, el primer aspecto de una mujer excluye la posibilidad de que aquella delicada, juguetona, ingrávida figura, todo desdenes y fugas, sea capaz de pasión. Toda mujer parece una santita, si creemos que la santidad consiste en resbalar sobre la vida sin dejarse comprometer por ella. Y, sin embargo, la verdad es todo lo contrario: esa casi irreal figura no hace otra cosa que esperar la ocasión para arrojarse en un torbellino apasionado, con tal ímpetu, decisión y valentía, con tal olvido de penosas consecuencias, que el hombre más resuelto queda siempre a la zaga y, avergonzado, se descubre a sí mismo como un temperamento utilitario, calculador y vacilante. Mas para que esa vitalidad profunda o individual de la mujer se manifieste, es preciso que el hombre deje de formar parte del público, y por uno u otro motivo se destaque individualmente ante ella. Lo que hay de repugnante y monstruoso en la prostituta es su contradicción de la naturaleza femenina, en virtud de la cual ofrenda al hombre anónimo, al público, aquella personalidad latente que sólo debe ser revelada al preferido. Hasta tal punto es esto una negación del carácter femenino, que el hombre delicado siente una instintiva aversión hacia la prostituta, como si, a despecho de sus formas de hembra, hubiera en ella un espíritu masculino. En cambio, el «clásico» en feminidad, Don Juan, es atraído preferentemente por la mujer más recatada, por la que más se oculta al público, y que en la morfología femenina representa el polo opuesto a la prostituta. Don Juan, en efecto, se enamora de la monja.

De espectador y público, pasa el hombre por medio del *flirt* a una relación individual con la mujer. Iniciar un *flirt* es invitar a un aparte entre dos, a una comunicación espiritual latente, secreta. Comienza, por lo mismo, con un gesto, con una palabra que niega y como retira la máscara convencional, la personalidad aparente de la mujer, y llama a la puerta de aquella otra personalidad más íntima. Entonces, como la luna que sale de entre las nubes, empieza la mujer recóndita a irradiar su encubierta vitalidad y va renunciando ante aquel hombre a su fisonomía ficticia. Este momento de nudificación espiritual, ese breve período que dura la conversión de la mujer aparente e impersonal en la mujer verdadera e individual –fenómeno que puede compararse a la revelación de una placa fotográfica–, rinde el máximo deleite de alma. El vicio de Don Juan no es, como una plebeya psicología supone, la brutal sensualidad. Al contrario, las figuras históricas que con sus rasgos han contribuido al carácter ideal de Don Juan se distinguieron por una anómala frigidez ante los placeres sexuales. El deleite donjuanesco es el de asistir una vez y otra a esa maravillosa escena de la transfiguración femenina, a ese patético instante en que la larva se hace, en honor de un hombre, mariposa. Concluida la escena, vuelve la mueca fría a los labios de Don Juan, y dejando que la mariposa queme al sol sus alas recién desplegadas, se orienta hacia otra crisálida.

A éstas y a innumerables consideraciones da pretexto el caso de este cuadro en que Jorge Inglés perpetúa la imagen de la marquesa de Santillana. Porque a primera vista encontramos una dama preocupada de oración, sumergida querubínicamente en una atmósfera quieta, abstracta y litúrgica. Mas si insistimos, veremos salir del cuadro, volando, sedienta, hacia la luz, la eterna mariposa apasionada.

* * *

Como he dicho, encierra este cuadro un deleitoso dualismo. Primero nos parece habitado por la quietud y con un vago olor de incienso. Mas si insistimos, notamos en él la germinación de todas las inquietudes, y por la reja y la puerta del oratorio sentimos penetrar una brisa terrestre que orea con su blanda turbulencia la fina cabeza de la dama.

La técnica misma del cuadro es irresoluta: dos principios pictóricos riñen su batalla indecisa en la mano del artista. El Norte y el Sur, Flandes e Italia se persiguen hostiles por todos los rincones de la tabla, como en un canto homérico Héctor y Diomedes. Esta vacilación pictórica es tan sólo síntoma de una contienda más grave que arrastra la obra entera, desde la inspiración del maestro hasta el ser mismo de la persona representada: aquí luchan cuerpo a cuerpo goticismo, que es Edad Media, que es ascetismo, y Renacimiento, que es rumor de tiempo nuevo y triunfo de esta vida sobre la otra.

La dama ha sido perpetuada en la acción que la Edad Media prefería: orando. Sin embargo, fijémonos. Las manos quisieran aspirar al Empíreo. ¿Qué las detiene? ¿Por qué quedan palpitando en el aire como unas alas de paloma desorientada? No se sabe bien, no se sabe bien. Hay en los gestos humanos esenciales equívocos, y cuando alguien eleva juntas las palmas de sus manos, ignoramos si va a sumergirse en la oración o va a arrojarse al mar. Un mismo ademán preludia las dos opuestas aventuras.

La marquesa de Santillana prepara, pues, sus manos a la plegaria, pero no ha olvidado de ceñir cada falange de cada dedo con un anillo festival. Son tenues aros donde va prendido un carbunclo, un granate, una amatista, un zafir.

El traje ceremonial de esta marquesa derrama en su ondeo magníficos perfumes de corte de amor.

Su marido, el amable poeta, uno de los más jugosos brotes del Renacimiento en España, había recogido la herencia del lirismo provenzal, lo mismo que hicieron

Dante y Petrarca. Tal vez por ello la silueta de esta dama trae a nuestra memoria aquellos palacios provenzales donde en el siglo XIII, bajo el nombre de *cortezia,* hizo su entrada subrepticia en la sociedad teológica el culto de los mejores instintos humanos[1].

Pero el dramatismo sutil del cuadro ha venido a concentrarse en la gentil cabeza, dotada de tan extraño vigor expresivo que logra triunfar sobre la complicación del tocado y la insuficiencia del artista. ¡Con qué gracia vibra en el viento, como flor en el prado, este menudo rostro, a quien una mano inferior ha impuesto unos ojos apócrifos! Las facciones carecen de la vulgar belleza que se contenta con la corrección: son rasgos finos, distinguidos, que valen por el espíritu que expresan.

Hay semblantes de mujer en que se resume todo un doctrinal de vida y pueden servirnos de norma para conducir nuestros actos y gobernar nuestros juicios. Cuando Goethe, hastiado de la inelegancia germánica, desciende a Italia en busca de una más delicada regla vital, va ocu-

---

1. La Edad Moderna, de que tanto nos enorgullecemos, es hija –con sus ciencias, su política y sus artes– del Renacimiento. Pero el Renacimiento es, a su vez, hijo de la cultura provenzal floreciente en el siglo XIII. Ahora bien; esta cultura provenzal nace al amparo de unas cuantas mujeres geniales que inventan la *ley de cortezia,* primera ruptura con el espíritu ascético y eclesiástico de la Edad Media. Nada califica mejor la incapacidad de nuestra época para entender la historia, como el olvido en que se tiene este hecho fundamental. Conste, pues, que no son los ingenieros ni los profesores los que han iniciado el progreso con sus laboratorios y sus cátedras, sino unas damas floridas con las fiestas de sus salones, que entonces se llamaban «cortes». La bibliografía científica reciente en que esto se prueba, y, en general, el desenvolvimiento ideológico del tema, podrá verse en un ensayo que preparo: *De la cortesía o las buenas maneras.*

pado con la composición de «Ifigenia». Al pasar por Bolonia se detiene ante una Santa Ágata de Rafael. «El artista –escribe en su diario– le ha dado una doncellez sana y segura de sí misma, exenta de frialdad y de aspereza. Me he fijado mucho en el semblante, y he de leerle en espíritu mi *Ifigenia*, porque no debe salir de los labios de mi heroína nada que esta santa no pudiera decir». Como la obra literaria no es en Goethe cosa distinta de su propia vida personal, significan estas palabras que el gran germano insatisfecho, al pasar ante el cuadro de Rafael, corrige el perfil de su alma ajustándolo a la pauta que de aquel rostro irradia.

No se puede pedir tanto a la obra de Jorge Inglés. Pero hay en ella gérmenes de una posible existencia superior, que, desarrollados, podrían afinar las almas de los que vivimos en esta vertiente del Guadarrama, donde la marquesa de Santillana habitó. Pasa por esta figurilla, estremeciéndola, un soplo de vitalidad exquisita, que no vuelve a aparecer en el resto de la Exposición. Cuando lleguemos a los lienzos de Goya, volveremos a hallar en sus mujeres vitalidad, pero ya no encontraremos exquisitez[1].

Lejos de mi ánimo poner en duda la piedad con que reza esta dama; pero si intento aclararme la actitud de su cabeza y de sus manos, inevitablemente imagino el gesto que hace la corza cuando, desde el fondo de la umbría, oye sonar a lo lejos el primer «¡halalí!» que corre por los linderos del bosque. Sin que se sepa de dónde llega, una

---

1. Parece excesivo tal juicio, hallándose en la Exposición retratos como el de la duquesa de Alba y la Tirana. Sin embargo, remito al lector a lo que en su lugar diré sobre estas dos admirables figuras.

incitación apasionada ha venido a herir el corazón de esta marquesa. Sospechamos que está en el oratorio de paso hacia una pasión. Ya se oye, ya se oye el galopar de los caballeros ideales y el latir afanoso de los canes instintivos. La dama siente un misterioso afán de huida. No hace falta más para que la eterna escena venatoria se cumpla. En la caza, la misión de la pieza es huir arrastrando al cazador y la jauría en su torbellino de persecución. Así, en el frenesí de los amores, la mujer colabora primero con una apariencia de pavor y de fuga...

Piensen otros lo que gusten: para mí la culminación de la vida consiste en una pasión limpia y finamente dramática.

1918

Estafeta romántica

Eva ausente

Señora, el otro día vi a usted, salir lenta y ensimismada, de la Exposición de retratos femeninos que ahora hace la Sociedad de Amigos del Arte. Cuando quise acercarme, se había usted ya confundido en Recoletos con la audaz primavera.

¿Por qué salía usted lenta y ensimismada, cual si alguien le obligase a abandonar una meditación inagotable? Como un aparato sísmico los menores estremecimientos de la tierra, su corazón, señora, registra todo temblor sentimental y nos sirve a sus amigos de diapasón para corregir los excesos de nuestros juicios. Pues bien, nunca como ahora hemos necesitado de sus certeras sentencias. Dígame, amiga mía, ¿qué debemos pensar, qué debemos sentir de esta Exposición?

¡Porque son tan complejas, tan delicadas las cosas artísticas! No sabe uno bien qué gestos debe hacer ante ellas para comportarse adecuadamente.

–Diga usted con sinceridad lo que sienta– me recomiendan algunos. Pero yo sospecho que no basta con esto. En los afanes elementales de la vida podemos contentarnos con la sinceridad. Así, el chimpancé es un modelo de hombre sincero. Pero en el arte como en la ciencia, nos encontramos con un orden suntuario de la vida. ¿Tendría sentido que se nos recomendase ser sinceros en matemáticas o en química? Acercarse al arte o a la ciencia equivale a aceptar libérrimamente un superfluo régimen de imperativos y de normas: supone que hallamos un placer en someternos a ciertas leyes y que en vez de acomodarlas a nuestro gusto más sincero deseamos adecuar a ellas nuestro gusto. Acontece lo mismo que en el tiro al blanco. Puede uno perfectamente vivir sin tirar al blanco; pero si se tira, hay que esforzarse por dar en él. En suma, señora, yo quisiera evitar en lo posible el hacer delante de estos cuadros gestos de chimpancé. No me basta con decir lo que siento; aspiro a sentir lo que es debido. Por esto recurro a usted, maestra y doctora del fino sentir.

He aquí las notas que en mi tercera visita he tomado, ya que las impresiones de la primera y la segunda me parecieron recusables. Perdonará usted el esquematismo en que van redactadas.

Además, debo advertir que en ellas se hace abstracción de la sala última, donde penden cuadros de Federico de Madrazo. Las damas por él retratadas son madres o abuelas de personas que viven con nosotros, y me parece

Madrid todavía demasiado aldea para que se concedan a un escritor las franquías necesarias.

I

El tema de la exposición. –Afortunadamente, muy pocos cuadros, tan pocos, que con su breve número subrayan la ausencia multitudinaria. No se hable de pintura. No se trata de descubrir la pintura española. Con esta Exposición se hace a la historia de España una pregunta concreta, aguda, terrible, que no tolera evasivas. Aquí han sido espumados cuatro siglos de vida española a fin de destacar nuestra idea plástica de la feminidad. El problema es, pues, doble. Primero: ¿a qué cimas ha llegado la mujer española? Segundo: ¿qué sensibilidad han tenido nuestros mejores artistas para el eterno femenino? Con ser distintos, ambos problemas son recíprocos.

La contestación que a estas preguntas dan los lienzos con su mudo lenguaje estático, no puede ser más desoladora. Hay algo más desolador, sin embargo: la conciencia de que muy pocas personas, entre las que visitan la Exposición, se han dado cuenta del inquietante tema planteado en ella. ¡Cuatro siglos! ¡Toda la Edad Moderna! ¡La época en que la mujer hace su ingreso en la espiritual colaboración de la Historia! ¿Y qué plenitudes de feminidad han hallado en tan vasta superficie los encargados de esta selección? ¿Hay en toda ella una sola «mujer»? Y si no la hay, si en cuatro siglos no han hallado una «mujer», ¿será posible que en cuatro días nos demos cuenta de qué es eso que falta?

Siempre he sospechado que en nuestro país existe la madre, la esposa, la hija, la hermana; pero que la mujer es una especie sobremanera desconocida. Aquélla y ésta representan dos dimensiones muy distintas en la evolución de la feminidad. No he de intentar yo ahora desenvolver el asunto, y lo que sigue lleva el exclusivo propósito de definir someramente qué es lo que yo echo de menos en esta Exposición.

De la hembra infrahumana parten líneas divergentes de desarrollo cultural. Una de ellas ha transformado la hembra en madre, hija, esposa y hermana del hombre. Otra se ha perfeccionado hasta llegar a la «mujer». La diferencia entre ambas trayectorias es evidente: cabe que la madre, la esposa, la hija y la hermana sean perfectas, sin que posean la menor perfección de mujer y viceversa. Se trata, pues, de dos realidades distintas, como lo son los colores y los sonidos. Y así como no oímos los colores ni vemos los sonidos, así los sentimientos nuestros que se dirigen a la madre, esposa, hija y hermana son distintos de los que van a la mujer. A fin de evitar en este instante más complejas psicologías, fijémonos en uno solo de estos sentimientos: el que llamamos «ilusión», «encanto», el sentirnos «atraídos», «deslumbrados», «sugestionados», etcétera. Puede un hombre amar con insuperable fervor a su madre, esposa, hija o hermana sin que haya en su sentimiento la menor tonalidad de «ilusión», de «encanto». Por el contrario, puede sentirse ilusionado, encantado, atraído, sin que experimente nada de eso que propiamente llamamos amor filial, paterno, conyugal o fraternal. Las mujeres, con su aguda intuición, distinguen perfectamente cuándo en las emociones que suscitan existe ese matiz de la ilusión, y, en el secreto de su ánima, sólo entonces se sienten halagadas y satisfechas.

Sobre este instinto de la ilusión hace su labranza milenaria la cultura. ¿Pues qué otra cosa es la cultura sino un perfeccionamiento progresivo que el esfuerzo humano obtiene de las realidades naturales? La labor es doble: por una parte se van creando objetos cada vez más esenciales, más perfectos; por otra, se va educando la sensibilidad del hombre para percibir sus diferencias y valorarlas con exactitud. Así, de las combinaciones cromáticas que emplea en su cerámica un pueblo salvaje, a las armonías luminosas de Goya o Whistler, corre un lento y glorioso proceso de cultura visual.

Lo propio acontece con la «mujer»: es ella, por excelencia, el objeto que ilusiona, que encanta, que atrae al hombre. Pero hay hombres que en pintura no han pasado del cromo y en feminidad no son más exigentes: su capacidad de ilusión se dispara ante una mujer cualquiera que tenga las mejillas rosadas y los ojos negros «como una cita en la sombra».

Lejos de mí el desdén a las mejillas rosadas y los ojos tenebrosos. Pero creo que no basta para provocar la ilusión en un delicado temperamento viril. La feminidad, que no consiste más que en eso, es una feminidad inferior, incapaz de atraer un corazón pulimentado. El hombre que se ha exigido mucho a sí mismo, aprende a exigir también mucho de las demás cosas y personas. Sobre todo, es exigente para aquello cuya misión estriba en atraerle, en encantarle.

Sólo nos atrae profundamente lo que en algún sentido nos parece superior a nosotros mismos. Éste es el caso de los ideales, imágenes de perfecciones remotas que tiran de nosotros y nos incitan a llegar hasta ellas. Esto es, muy especialmente, el caso de la mujer, caso único y maravilloso en que el ideal nos aparece corporizado, realizado.

Todo hombre dueño de una sensibilidad bien templada ha experimentado a la vera de alguna mujer la impresión de hallarse delante de algo extraña y absolutamente superior a él. Aquella mujer, es cierto, sabe menos de ciencia que nosotros, tiene menos poder creador de arte, no es capaz de regir un pueblo ni de ganar una batalla, y sin embargo, percibimos en su persona una superioridad sobre nosotros de índole más radical que cualquiera de las que pueden existir, por ejemplo, entre dos hombres de un mismo oficio. Y es que las excelencias varoniles –talento científico o artístico, la destreza política y financiera, la heroicidad moral– son, en cierta manera, extrínsecas a la persona, y, por decirlo así, instrumentales. El talento consiste en una aptitud para crear ciertos productos socialmente útiles –la ciencia, el arte, la riqueza, el orden público. Lo que propiamente estimamos en estos productos, y sólo un reflejo del valor que les atribuimos se proyecta sobre las dotes necesarias para producirlos. No es el poeta, sino la poesía lo que nos interesa; no es el político, sino su política. Este carácter extrínseco de los talentos se hace patente por darse a menudo en el hombre al lado de los más graves defectos personales. La excelencia varonil radica, pues, en un *hacer*: la de la mujer en un *ser* y en un *estar*, o con otras palabras: el hombre vale por lo que hace, la mujer por lo que es.

Tal circunstancia de que el valor del hombre esté condicionado por el resultado de sus acciones, da a nuestro destino fatalmente un carácter problemático, inseguro, relativo y servil. La mujer, en cambio, cuando en ella se realiza un tipo superior de feminidad, no gana nuestra estimación por sus actos, sino que quieta, como la rosa en el rosal, se impone a nuestro entusiasmo. En sus actos no nos importan los resultados: es más, no los tomamos como actos o causas de tales y cuales efectos, sino como gestos en que se manifiesta su soberana personalidad. Las acciones de la mujer superior se convierten a nuestros ojos en emanaciones de su ejemplar esencia, son el perfume de la rosa en el rosal. Frente a un equivocado y trivial feminismo, he creído siempre que para el hombre vivir es trabajar, mientras que para la mujer vivir es irradiar. Pensar otra cosa es querer vanamente suplantar las profundas voluntades de la Naturaleza por nuestros angostos programas de política. La Gioconda, irradiándose a sí misma secularmente desde su marco, ha hecho más en beneficio de la humanidad que los millones de superficiales sufragistas[1].

Todos los progresos que el hombre con su obra consigue, son parciales, adjetivos, tangentes a la esfera íntima de la vida. Por el contrario, un modo superior de perfección femenina es un progreso integral de la vida, es como el germen de una nueva humanidad, de una *vita nuova*. De aquí el anhelo infinito, la ilusión incendiada que los hombres mejores han sentido cuando sesgó su existencia

---

1. Con ello no quiero decir que me parezca mal la demanda del sufragio o demás equiparaciones jurídicas y económicas con el hombre. Me parece muy bien, pero de escasa importancia, y no significan nada positivo en la cultura femenina.

una mujer esencial. Si miramos al trasluz lo que han escrito, lo que han pintando, lo que legislado, descubrimos en la filigrana un tenue perfil trasunto de dama gentil. No se trata de vulgares anécdotas eróticas, sino de aquellas supremas emociones que en el lívido crepúsculo de Mantinea explicaba, trémula y sabia, a Sócrates divino la extranjera Diótima. Se trata del afán de perfección que en todo varón selecto siembra a su paso sin peso una Eva ejemplar.

El Eterno-Femenino nos atrae hacia lo más alto.

Así canta *Chorus mysticus* en el final de *Fausto* proclamando a la mujer como la fuerza civilizadora por excelencia. Y pocos versos antes *Mater Gloria* dice a Margarita:

¡Ven! Asciende a las esferas sublimes,
Que si él te presiente, él te seguirá.

Un individuo, como un pueblo, queda más exactamente definido por sus ideales que por sus realidades. El lograr nuestros propósitos depende de la buena fortuna: pero el aspirar es obra exclusiva de nuestros corazones. Por estos los tipos de feminidad, que son a la vez formas de idealidad, marcan el horizonte de las capacidades latentes en cada pueblo. Desde la hembra del bosquimano a la Gioconda, a *madame* de Sevigné, a *lady* Hamilton, las siluetas del eterno femenino se elevan al cenit como constelaciones, preestableciendo los destinos étnicos.

Con esta curiosidad de augur que indaga en las entrañas trépidas de un ave la vislumbre del futuro, entro en esta Exposición buscando *del donnesco la cima*, como decía Dante. ¿Tengo yo la culpa de no haberlo hallado? (La cuestión de si este juicio revela en mí un deliberado pesimismo frente a las cosas de España, la dejaremos –¿no le parece a usted?–, para que la discutan los criados en la cocina).

El Sol, 28 de mayo de 1918

[Prólogo al catálogo de la Exposición Bacarisas]

Gustavo Bacarisas es un pintor de cuadros y no de programas estéticos. Debemos felicitarnos de ello, porque no parece lejana la hora en que el buen aficionado a las cosas artísticas vuelva definitivamente la espalda a esos súbitos descubrimientos que, una o dos veces al mes, se hacen ahora del secreto del arte. Intentos los aludidos donde no es lo peor que se crea, en efecto, haber descubierto ese arcano, sino que se ignore haber sido revelado hace milenios y hallarse ya patente en las exposiciones de bisontes al galope y renos en fuga que hicieron los hombres cavernarios.

La terca incomprensión que opone el público a toda novedad ha provocado justamente en los artistas una actitud compensatoria, que les lleva a confundir la innovación con el acierto. ¿Pero no va siendo ya buen tiempo para que se abandonen como criterios de belleza la vejez o la adolescencia de un estilo?

Bacarisas, oriundo de las islas Baleares, educado en Gibraltar y avecindado en Sevilla, resume en su sensibilidad el Mediterráneo occidental. Y esto es su arte: un anhelo tenaz y fervoroso de apresar la mágica reverberación esparcida entre Rosas y Calpe. La realidad levantina no es plástica como la de Grecia o Italia; antes bien, hace reventar las formas de las cosas, y, fluidificando su sustancia, la transmuta en pura palpitación luminosa. Cualquiera que sea el tema, y siguiendo el destino pictórico de su raza, el objeto que pinta Bacarisas es siempre un aire incendiado, un suntuoso tejido de reflejos, una joya impalpable y rutilante, donde la retina encuentra su hora de fiesta y embriaguez.

Sin embargo, es curioso advertir en la obra de Bacarisas bajo este esplendor atmosférico una emoción lírica, íntima, de rara calidad que pulsa latente como un corazón dolorido. Sobre todo en los morados y los densos azules de ultramar que le son tan predilectos, nos parece escuchar un rumor de melancolía inagotable e irremisible, una tristeza radical ante ese mismo festival de fuego que es la vida en sus cuadros. Esta pena, brotando tras la luz radiante, es la que solemos hallar en el gesto del moro cuya figura vemos sumida en los resplandores del sol tórrido. Así completa dentro de sí Bacarisas todo nuestro Mediterráneo, incluyendo en el febril cromatismo de Levante una víscera de amargura agarena. Pinta la tristeza de la luz, el desconsuelo que la luz siente de no ser sino luz.

Esta dualidad entre la alegría del color y su ceniza de melancolía, queda subrayada en otros lienzos donde nos encontramos con la fachada de un palacio granadino reflejada en un aljibe. La idea es del más sutil romanticismo, no exento de sabor oriental. El palacio primoroso y decrépito parece haberse ausentado incapaz de prolongar su fastuosa existencia, y de él queda sólo la centenaria imagen prisionera del agua fiel. Así en nuestra memoria quedan de las horas mejores imágenes estremecidas y evanescentes. Esta actitud de preferir a la realidad de las cosas sus residuos sentimentales, sus fantasmas inválidos, me parece la más adecuada a un verdadero artista. Las cosas son para el hombre de acción: el poeta prefiere al palacio su irreal imagen, que ha caído en el estanque; prefiere al sonido su eco, y cuando navega es más bien que por ir a parte alguna para contemplar, inclinado sobre la borda, la estela que deja el navío.

1921

Brindis en un banquete en su honor en «Pombo»

Cuando yo tenía diez años, con mi padre y con Rodríguez Chaves, autor mirífico de *Cuentos de dos siglos ha*, solía venir a «Pombo» para tomar sorbete de arroz. Desde entonces creo que no he vuelto a entrar hasta hoy en este venerable tabernáculo. Por cierto que es para mí interesante comparar aquellas visitas pueriles con esta que ahora hago. Entonces «Pombo» era a mis ojos una cosa mucho más vieja que yo: me parecía que visitaba a un señor decrépito, con gran alarde de gafas y una escueta levita orillada, una especie de Mesonero Romanos o Hartzenbusch. Ahora, al hallarme entre ustedes, me encuentro con que es «Pombo» una cosa más joven que yo. Mientras yo he envejecido, esta perenne botillería se ha remozado. Decididamente no se sabe qué es en definitiva lo joven y lo caduco: hasta hace poco el puente más viejo de París era el *Pont Neuf*.

Me doy, pues, perfecta cuenta de que muchos de ustedes son ya otra cosa que yo, lo más otra cosa que cabe imaginar: son otra generación. He escrito y he dicho más de una vez que el concepto más importante de la historia, el gozne de su rodaje es la idea de las generaciones. Cada una de ellas trae al mundo una sensación de la vida distinta, un horizonte cordial propio dentro del cual vive inexorablemente reclusa y que la contrapone a la generación anterior y a la subsecuente. Cada generación vive así emparedada dentro de su sensibilidad y comunica con las demás al través de ésta como al través de un muro. Oyen mutuamente las voces, pero no se entienden. La sensibilidad radical de la vida es una frontera infranqueable. Por eso yo espero desde hace tiempo que una mañana, al mirar periódicos y revistas y leer lo que un joven escribe tenga que decirme a mí mismo: «Esto ya no lo entiendo». Será una penosa impresión de que tropiezo con el muro o prisión de mi tiempo; será el convencimiento de que he perdido ya plasticidad, que no hay en mí materia aún no sellada y troquelada capaz de recibir la huella advenediza. Ese día, no tendré más remedio que cerrar mi fontanela, como dice Baroja, e ir en busca de la próxima Academia.

Pero, en fin, el hecho de esta fiesta en la cripta sagrada me tranquiliza sobre el presente y me indica que aún entiendo los rumores del cuarto de al lado y que ustedes no descubren todavía en mi gesto demasiado anquilosamiento. Esto quiere decir que agradezco a ustedes sinceramente la gentileza de esta fiesta en el subsuelo.

La vida española ha carecido en los últimos tiempos de lo más necesario, que es, paradójicamente dicho, el lujo vital. La vida tiene la peregrina condición de que sólo le basta lo que le sobra. La vida, cuando es sana, es reboso de sí misma; vivir, como dice Nietzsche, es más vivir, es lujo de vida. Y una de las formas más esenciales del lujo vital es la creación de mitos. Por eso toda época de vitalidad ascendente es gran inventora de mitos. El mito es un regalo que hacemos a la sórdida realidad y como una inyección de fantasmagoría que ponemos a las cosas, las cuales quedan entonces cargadas de reverberaciones y chisporroteos, sublimes o bufones. El espíritu mítico viene a ser un fabricante de auroras boreales. Pues bien, en los últimos quince años el único mito que se ha elaborado es éste de «Pombo»: es el solo hecho que llega al español distante –por ejemplo, al muchacho provinciano–, con una resonancia alegre y un cromático resplandor de farsa. Y no carece de significación que para poner ustedes esa inyección de leyenda hayan elegido este café, el más filisteo y más tradicional. Han querido ustedes infeccionar de fantasía el corazón mismo de lo burgués.

Pero además de ser «Pombo» el único mito del presente –permítanme ustedes que me aventure a profetizar el porvenir–, «Pombo» es la última barricada. Me explicaré, aunque ello me obligue a dar un rodeo.

Nuestro tiempo forma parte de un ciclo histórico más amplio que empieza con la formación de las actuales nacionalidades. La formación de una nacionalidad es una misma cosa con la elaboración de un sistema de tradiciones religiosas, políticas y artísticas. Durante esa etapa las gentes viven por tradición, esto es, creen en ciertas doctrinas, acatan ciertas autoridades, gozan con ciertas formas estéticas que han recibido de los mayores, que les parecen las únicas imaginables y que no ponen nunca en crisis ni sospecha. Este tipo de vida para el que vivir es insistir en lo recibido, es el tradicionalismo. Pero he aquí que en el Renacimiento, de pronto, vira sobre sí mismo el corazón europeo, y se invierte la actitud de los espíritus. Todas esas tradiciones, todo eso recibido empieza a aparecer insuficiente, infundado, torpe, absurdo. Las gentes comienzan a sentir que la vida sólo tiene valor si lucha contra todo eso, si se liberta de todo eso. Llevamos sobre todo tres siglos durante los cuales para las gentes vivir era libertarse de algo, de alguna tradición. Por tanto, llevamos tres siglos de liberalismo, de combate contra lo constituido como tal, contra la autoridad política, contra el dogma religioso, contra el escolasticismo científico, contra la norma poética. La Revolución francesa, desde sus barricadas –la barricada es el alojamiento del liberalismo–, consigue la gran liberación política, nos liberta del antiguo régimen. Logrado esto, comienza intensamente la época del liberalismo artístico. La primera generación romántica fue la subversión contra los privilegios de los clásicos y el absolutismo de la Poética. Desde entonces cada generación literaria en vez de prolongar el gesto de las anteriores, lo primero que hace es revolverse contra ellas y presentar un nuevo programa: si estos sucesivos programas se analizan adviértase que, en definitiva, están constituidos por negaciones de algo anterior y tradicional. El liberalismo artístico, como todo liberalismo, es una bella actitud de combate, un estado de guerra intelectual, mas por lo mismo una pura negación, puesto que es liberación de tradiciones. Como el Mefistófeles de Goethe, «obra el bien queriendo el mal» y afirma negando. Este sentido de la vida como un esfuerzo negador, aparece, efectivamente, en la segunda generación romántica con un matiz diabólico, satánico y «perverso». Barbey d'Aurevilly asienta la poesía en la emoción dramática de la blasfemia. La blasfemia es el frenesí de la aniquilación que necesita resucitar perpetuamente a la víctima para complacerse de nuevo en yugularla. Así Barbey necesita ser tradicionalista y creyente para poder blasfemar del pasado y de Dios. Baudelaire va a descubrir la belleza en la Venus negra, que es la plástica negación de la Venus clásica, la Venus cándida. En 1870 comienza, con el impresionismo, la gran rebelión contra las Bastillas pictóricas, contra los Museos y su tradición. También los pintores van a abrir la serie de los programas subversivos. En fin, hasta la extramundana matemática toma en este tiempo un cariz liberal. Los títulos de las nuevas ciencias del espacio ostentan a la intemperie su musculatura negativa: la geometría no-euclidiana, no-arquimédica, etcétera.

Pero el liberalismo, por su esencia misma, tiene los días contados. No es una actitud definitiva, que se baste a sí propia. Cuando no quede títere tradicional con cabeza, el liberalismo no hallará nada de qué liberarnos y se reabsorberá en su nada originaria.

Pues bien, amigos míos: yo creo que, al menos, en poesía, son ustedes la última generación liberal y esta Sagrada Cripta donde se alojan, la última barricada. Han derribado ustedes los postreros, casi impalpables reductos de la tradición literaria y ante ustedes vuelve la tierra estética a ser rasa y desierta. De aquí las sugestivas fisonomías de Robinsones poéticos, de Adanes literarios que es frecuente hallar entre ustedes.

Más allá, me parece estar viendo otros hombres más jóvenes aún que ustedes, una próxima generación, en quien un nuevo sentido de la vida nada liberal comenzará a pulsar. Amantes de las jerarquías, de las disciplinas, de las normas, comenzarán a juntar las piedras nobles para erigir una nueva tradición y alzar una futura Bastilla...

¡Brindo, pues, por «Pombo», único mito del presente y última barricada!

1922

Diálogo sobre el arte nuevo

A principios de este verano se encontraron un día Baroja y *Azorín* en una librería de Bayona. *Azorín* venía de San Sebastián, Pío Baroja de su casa de Vera. Baroja, temperamento siempre fronterizo, habita un viejo solar que es la última habitación de la Península en su linde con Francia. *Azorín* traspone ésta con frecuencia y va a San Juan de Luz, Biarritz o Bayona. Dondequiera que vaya se le ve recalar en alguna librería porque *Azorín* sólo va donde las hay. Viaja para ver libros. Baroja se desplaza con mayor facilidad, y aunque fondea también en las librerías que le salen al paso, su propósito es más bien el de ver gente.

Azorín cultiva cada vez más la soledad. Tanto, que esta su soledad no consiste ya simplemente en que se halle sin nadie al lado, sino que se ha convertido en una realidad, en un cuerpo trasparente y sólido, en un caparazón cristalino que llevase en torno de su persona. Cuando alguien le habla se sorprende e inquieta como si de súbito le hubieran quebrado la vidriera de soledad circundante, o mejor, como si viviendo en una dimensión inusitada, sintiese que de pronto algún ser de nuestro mundo habitual se filtrara mágicamente en el suyo exclusivo. Ello es que nuestro *Azorín* emerge ante el interlocutor asombrado y trémulo como el pez extraído de su *aquarium*. La persona de este admirable y perdurable escritor, que encantó con sus violetas literarias nuestra mocedad, va tomando un exquisito aspecto de ausencia y lejanía, de espectral inexistencia, y recuerda esos maravillosos cuadros de China que el tiempo ha cubierto con un velo flúido al través del cual sus paisajes, sus pabellones, sus mandarines nos aparecen como sumergidos en el fondo de un mar misterioso y profundo.

De este mágico abismo hizo ascender Baroja a *Azorín*, dándole suavemente un golpe sobre el hombro. De la conversación que tuvieron nos interesa lo siguiente:

–Acabo de leer en el tren –dijo Baroja– su artículo «El campo del arte», donde define usted su actitud frente al arte nuevo.

–Y qué, ¿no está usted de acuerdo?

–No puedo decir que no esté de acuerdo. Lo que me pasa es que no lo entiendo.

–¿No está claro lo que digo?

–Claro lo es usted siempre, *Azorín*. Mejor dicho, es usted la claridad misma. Pero éste es el inconveniente. Cuando no se trata de cosas y personas concretas, cuando se plantea usted temas generales y en vez de manejar colores, imágenes, sentimientos, camina usted entre ideas, envuelve usted las cuestiones en una claridad tal que quedan ocultas por ella. Vemos la claridad de usted; pero no conseguimos ver claras las cosas. Es usted pura luz, y para que se vea algo hace falta siempre alguna sombra.

–Antes no hablaba usted así, Baroja. Esta manera eu-
trapélica de producirse la ha adquirido usted practican-
do a las duquesas.

–Es posible que me haya quedado esa adherencia de mi
fugaz trato con las duquesas. Pero mi impresión es más
bien contraria. Las duquesas, que son, a veces, capaces de
impertinencia, se hallan casi siempre exentas de ironía.
Hoy no existe ironía en el mundo. Y se comprende. La ironía consiste en tener una personalidad efectiva sobre la
cual se da uno el lujo de armar otra ficticia, inventada por
uno mismo. Esto sólo puede permitírselo quien sienta muy
segura socialmente su personalidad real, ¿y hay quien
esté seguro de lo que es socialmente? Las duquesas menos
que nadie. No saben qué hacer, las más discretas, si tomarse
en serio como duquesas o comportarse como si no lo fueran. Les pasa como a nosotros, los escritores. Empezamos a
sentir que la literatura no es ya un poder social, una magis-
tratura; pero la gente todavía se pone a mirarnos, como a las
jirafas del jardín zoológico. Esta duda radical que cada cual
siente hoy sobre lo que es dentro de la arquitectura social
constituye una de las enfermedades de la época.

Sería un error creer que esta vacilación respecto al
significado social de nuestra persona sólo perturba al vani-
doso. Cada gesto que hagamos, cada palabra que pro-
nunciemos, parte de un punto del volumen social –aquél
que ocupamos–, y va a parar a otros. Cuando desconoce-
mos el punto en que nos hallamos no nos es posible
determinar si nuestro gesto debe ir hacia arriba o hacia
abajo, a la derecha o a la izquierda, ni si el público que
nos escucha está lejos o está cerca y debemos gritar o mu-
sitar. En otros tiempos, el coeficiente social de cada hom-

bre era cosa inequívoca que adquiría, inclusive, plástica evidencia en el uniforme adscrito a cada clase y oficio. ¡Vaya usted a saber cuál es hoy el papel de un escritor en la arquitectura social! No sabe uno si adoptar el gesto crispado de las gárgolas o poner la sonrisa estúpida de una cariátide, o, en fin, contentarse con ser un baldosín. ¿Cómo quiere usted que se entretenga en ironizar nadie cuando está expuesto a verse convertido en baldosín del prójimo? Todas las energías, y más que hubiera, las gasta cada cual en afirmar y defender su personalidad efectiva.

–Con todo esto se ha olvidado usted de mi artículo.

–Aquí lo tengo. Dice usted:

«La humanidad es muy vieja. No sé lo que se entiende por arte nuevo. La estética es tan vieja como la humanidad. De cuando en cuando se habla de renovación del arte. En realidad, las tales renovaciones son cosas superficiales. La esencia del arte no cambia. Como un artista no puede dejar de hacer lo que ya ha hecho, la humanidad no puede tampoco darse formas de arte distintas de las que ya se ha dado. Un pintor podrá, por ejemplo, esforzarse en encontrar una pintura nueva; cien pintores en todo el mundo podrán luchar para pintar de modo distinto a como han pintado sus antecesores. Los esfuerzos de todos serán inútiles. Tendrán que dibujar y emplear el color. No harán otra cosa que lo que hicieron, en las paredes de las cavernas, milenarios antecesores de esos artistas de ahora. La humanidad es vieja, y ha hecho todo cuanto tenía que hacer. De cuando en cuando, a lo largo del tiempo, artistas y literatos imaginan que van a poder salir del círculo inflexible en que están encerrados. Ese círculo son las leyes de la materia y las normas perdurables del espíritu. Intentan esos literatos y artistas escribir y pintar como antes no se había escrito ni pintado. Y sus esfuerzos son inútiles. Al traspasar las fronteras de la experiencia secular y de las leyes de la materia, caen fuera de los términos del arte mismo que desean renovar. El círculo en que la humanidad está encerrada es inflexible. Para hacer otro arte, para crear otra estética, sería necesario crear otro mundo, hacer otra cosa que no fuera la materia y otra cosa que no fuera el espíritu».

–¿No le parece a usted claro?

–Ya le he dicho que me parece demasiado claro. Dice usted que las «renovaciones del arte son cosas superficiales. La esencia del arte no cambia». Se me ocurre pensar que una de las cosas más esenciales en el arte es el estilo. Ahora bien: las renovaciones son cambios de estilo. ¿Cómo puede usted llamarlas superficiales? ¿Le parece a usted floja la diferencia entre una catedral gótica y el Partenón, o entre una Pirámide y un pabellón Luis XV o entre el dibujo geométrico de Creta y las «Meninas»?

–Pero siempre el pintor tendrá que dibujar y emplear el color.

–Pero ¿es eso la esencia del arte pictórico? Yo creía que eran dibujo y color más bien los medios, los materiales de la pintura. Para usted sólo habría una renovación no superficial del arte literario cuando dejase éste de usar vocablos. Me parece que se pasa usted un poco, amigo *Azorín*.

–El arte es eterno.

–Un amigo mío de Vera, cuando oye que alguien dice palabras más sonoras que nutridas, suele exclamar: «¡Todo esto es carrocería!» A mí esa eternidad del arte me parece también pura carrocería. Pongamos un poco menos que eterno. No sé quién preguntó una vez a Galileo si el Sol era eterno, y Galileo, supongo que sonriendo, respondió: *Eterno, non; ma ben antico.*

—En el fondo la literatura ha sido siempre lo mismo.

—¡Claro! En la primera mitad del siglo XIX hubo un poeta español, no recuerdo cuál, que compuso su «Oda al Sol», la cual empieza así:

¡Para y óyeme, oh Sol, yo te saludo!

En cambio, usted comienza uno de los capítulos de «La ruta de Don Quijote»: «Yo no he conocido jamás hombres más discretos, más amables, más sencillos que estos buenos hidalgos don Cándido, don Luis, don Francisco, don Juan Alfonso y don Carlos». Entre uno y otro comienzo, ¿no encuentra usted tampoco más que diferencias superficiales? Usa usted, amigo *Azorín*, de unas superficies muy gordas.

—¡Sutilezas! La materia y el espíritu serán siempre lo que han sido.

—Yo no sé muy bien qué sea materia, ni qué sea espíritu; pero me parece que lo característico de la vida es la aparición súbita de especies nuevas. En mi huerta se plantaron hace años unas habichuelas: cosecha tras cosecha venían siendo iguales. Pero hace un par de ellos, aparecieron de pronto unas habichuelas punteadas que se han ido propagando a costa de las antiguas. ¿Por qué no pensar que las generaciones son cosechas humanas y que de pronto en una de ellas aparece una mutación?

—¡De Vries!

—En efecto, sería urgente un Hugo de Vries que botanizase en la historia. Debe usted leer las conferencias que dio hace dos años en las *Clifford Lectures* el gran biólogo norteamericano Lloyd Morgan sobre lo que él llama «evolución emergente», es decir, evolución con súbitas y originales emergencias. Así se explicarían los cambios súbitos de gusto artístico. Usted y yo, habichuelas sin puntos, asistimos ahora al advenimiento de una literatura punteada.

–¡Guiso igual!

–No, el guiso no es igual; lo que será igual seguramente es la indigestión.

–El círculo en que la humanidad está encerrada es inflexible.

–Yo no veo ese círculo. ¡Cualquiera diría que la humanidad se ha muerto ya totalmente varias veces y ha vuelto a nacer para morir según idéntico programa! El círculo humano no se ha trazado aún. Éste es el error capital que hallo en el libro de Spengler, ahora tan en boga. Yo no lo he leído, pero lo he hojeado y me parece que esas semejanzas cíclicas encontradas por el autor en el desarrollo de diversas culturas, aun suponiendo que sean ciertas, no contradicen una evolución de la humanidad hacia estados siempre nuevos. Comete este alemán el mismo error que usted cuando supone que el arte siempre ha sido el mismo. ¡Claro está! Siempre es posible hallar en dos cosas alguna nota tan formal, tan abstracta o tan extrínseca que sea común a ambas, aunque, en rigor, se diferencien en todo lo demás. Los caballos y las ostras se parecen en que no se suben a los árboles. La época del Imperio romano y la nuestra pueden parecerse en muchas cosas, y, sin embargo, ser distintas, preparar un porvenir muy diverso. Lo importante no es hallar semejanzas, sino probar que no existen diferencias de monta.

[Sobre la crítica de arte]

Amigo Juan de la Encina: sería inaceptable que después de haberle infligido a usted este banquete, no le dijésemos por qué. En este año, cuyo número ostenta tan cínicamente el cuarto de siglo y que termina con la cifra de un real, viene a hacer diez años que ejerce usted con ejemplar continuidad su menester de crítica. Aunque había usted antes publicado algunos estudios sobre arte, puede datarse de aquel periódico titulado *España 1915* su labor más característica. Esta labor –la crítica– es de todas las faenas literarias la que exige mayor denuedo y atrae más riesgos. Durante un decenio ha ocupado usted un puesto de peligro y se ha mantenido en la brecha. Nada más fácil que criticar alguna vez y de sorpresa dar un alfilerazo a un transeúnte; pero ser crítico un día tras otro, equivale a poner una fábrica de enemistades. No ha eludido usted los peligros y los enojos de tal oficio, y por eso nos complace mostrar hoy nuestra simpatía y estimación por su bravura. Yo, al menos, tengo tal idea de lo expuesta que es la existencia de un crítico, que me he sentido toda la noche como si asistiese al banquete dado a un aviador.

Pero claro es que no sólo de bravura vive un crítico: con sólo ella –dejándonos ir por la pendiente del símil– no habría estabilidad. Además de bravura hace falta mesura que evite las grandes caídas, los tremendos aterrizajes del desprestigio. Y tomando en conjunto ese respetable volumen de juicio, que suponen diez años de labor, no creo que nadie deje de reconocer una noble mesura a sus estimaciones. Podrá cada cual discutir este o el otro juicio determinado; podrá discrepar de la doctrina general, que hace de la labor de usted un organismo; pero sería notoriamente injusto regatear a su ardua obra la medida y el equilibrio.

Tienen estas virtudes tanto más mérito, cuanto que el paisaje artístico de ahora se compone casi íntegramente de precipicios. Centuplica esto las dificultades de la crítica. En otro tiempo podía el crítico comportarse simplemente como un juez: partiendo de un código preestablecido sentenciar sobre el hecho concreto. Ese código preexistente amparaba sus resoluciones y cobijaba su criterio. Pero el arte de nuestro tiempo, desde el fin del impresionismo en pintura y del simbolismo en poesía, carece de códigos sancionados. El crítico tiene que operar a la intemperie y campo atraviesa; al mismo tiempo que juzga una obra tiene que conquistar autoridad para la ley general que aplica. Noten ustedes que, salvo en la ciencia, pasa esto en todos los demás órdenes de nuestra vida. Así, pronto hemos de asistir en toda Europa al gran espectáculo de una vida política exenta de principios vigentes; hasta ahora existieron siempre, por lo menos, dos: el que consagraba a los poderes establecidos y el que inspiraba a las potencias revolucionarias. Pero ahora yo sospecho que aquéllos van a tener que vivir sin consagración y éstos sin inspiración; van a tener, por tanto, que ganarse la vida, por decirlo así, cuotidianamente. El espectáculo va a ser formidable, y sólo me extraña que tan poca gente se dé ya una cuenta clara de la profundidad, del radicalismo de la crisis vital que fermenta en nuestro viejo continente. Se cree que algunas cosas sufrirán mudanza, pero que otras quedarán. La inercia, el deseo de conservar cómodamente las aptitudes ya adoptadas, nos seducen a toda hora para que escatimemos profundidad a esa crisis. Yo he de decir sinceramente que aún no le he encontrado fondo, esto es, que no creo en la perduración al menos sin sustanciales modificaciones de norma, institución, principio e ideal algunos de cuantos se erguían hace veinte años. Y, al hablar así, no excluyo ni siquiera a la ciencia.

Pero contrayéndonos a la dificultad de la sazón en que Juan de la Encina ejerce la crítica de arte, advirtamos que en el orden estético todo se ha hecho problemático. No hay dimensión de nuestra sensibilidad artística que no lo sea. Se ha hecho problemática nuestra relación estética con el pasado: es problemático el presente y es un absoluto problema el porvenir. Claro está que yo no digo esto en tono elegiaco. Todo lo contrario: lo digo con complacencia y en sesgo optimista. Porque me parece para todo espíritu elástico y enérgico mucho más grata la vida en un mundo sembrado de problemas que en un paisaje atestado de soluciones. Sentir la fruición de lo problemático, deleitarse en su riesgo es síntoma de que no está uno consignado al corral, sino que se tiene el ala larga como el albatros «amateur» de tormentas.

Por lo que hace al pasado artístico no se ha logrado aún que las gentes entren en cordura. Cuando un joven de hoy ensaya alguna nueva intención de pintura, no falta quien le salga al paso y oponga que se debe pintar como Velázquez que fue el mejor pintor. A mí esto me ha parecido siempre una tontería múltiple que tiene dentro otras muchas, como esas cajas japonesas dentro de las cuales hay otras y dentro de éstas otras y así sucesivamente.

En primer lugar, debía a estas alturas sonrojar un poco que se proponga a un artista ser como otro, no advirtiendo que el arte no tolera ninguna superfluidad y añadir a un Velázquez otro, sería ponerse el arte un tanto pesado. Velázquez al existir abolió el derecho a la existencia de otro Velázquez. Todo artista al nacer asesina a sus posibles iguales. No es lícito repetir a otro. El arte es producción: se diferencia de la cría caballar en que no es reproducción. En segundo lugar, sólo el pequeño burgués de la cultura que teme al problema y busca dondequiera que entra, como una butaca, –una solución, un esquema, un escalafón– puede decir que es Velázquez o Rembrandt, o Rafael el mejor pintor. No hay, en rigor, mejores pintores –hay sólo los buenos y los malos, por la sencilla razón de que no hay una sola pintura sino muchas, artes pictóricos diversos, apenas comunicantes. A lo sumo, cabría hablar del mejor pintor en una forma de pintura. Velázquez es el más formidable pintor de la escuela velazquina. Nada menos, –pero nada más.

Se olvida que es condición del arte su parcialidad. Cada obra sólo puede realizar un cierto repertorio de valores estéticos y forzosamente renuncia a otros. La obra integral de pintura o escultura o poesía no existe. Decir que Velázquez es el mejor pintor es tan tonto como lo fuera decir que pintó mal. ¡Claro que pintó mal! ¡Es el peor de los cubistas!

Más allá de estas trivialidades es donde conviene plantear la cuestión de nuestras relaciones con el pasado artístico. Y he aquí que en ese lugar más hondo se presenta inseparable de los problemas del presente. Porque todas las nuevas direcciones de la inspiración, no obstante sus discrepancias superlativas, coinciden en un punto: la ruptura con todo el pasado del arte. Acaso es ésta la única nota clara en el arte actual: la voluntad de no ser el pasado. Nos es ello tan evidente que no estimamos esta humilde claridad. Y, sin embargo, encierra no pocas sutilezas y además es el hecho característico y exclusivo de nuestra época. El rompimiento radical, genérico no con este o el otro estilo del pasado sino con todo el arte pretérito como tal, no ha acontecido hasta nuestros días. ¿Qué significa esto? ¿Qué secreto se esconde bajo tal emergencia? Porque junto al hecho de ese rompimiento y en las mismas almas donde se ha producido existe una capacidad, de amplitud nunca vista, para interesarse por las formas de arte más exóticas y varias, de todos los tiempos, de todas las razas. ¿Qué fenómeno es éste tan contradictorio?

La explicación, a mi juicio, no es imposible. El alma humana progresa en forma de diferenciaciones. Lo que en un tiempo fue una clase de sensibilidad en otro posterior se ha disociado en varias. Así, el hombre primitivo no tuvo lo que nosotros llamamos «sensibilidad artística». Carece de ella y sin embargo no le falta. El hombre primitivo no siente el arte como algo aparte y separado de la magia, de la mitología, del rito y de la tradición. A todas estas cosas, para nosotros diferentes, presenta una sola forma de sensibilidad total y caótica. Fueron menester milenios para que se disgregase como un sentir peculiar y exento el goce estético.

Pues bien; en nuestro tiempo llega a madurez una nueva disociación que venía preparándose desde centurias, sobre todo desde hace siglo y medio. El hombre europeo de las nuevas generaciones posee una sensibilidad histórica de incalculable refinamiento. Por fin hemos llegado a sentir el pasado como tal, es decir, como algo esencialmente distinto del presente. El pasado nos aparece como un universo aparte y virtual que no comunica con la hora transeúnte donde nuestra vida va. Sentimos todo pasado como algo que fue y ya no es. Aplíquese esto al arte y se verá que nuestra sensibilidad artística se ha disociado y un radio de ella ha tomado la perspectiva histórica separándose del otro que va a lo actual. Aquél aleja todo lo que toca; éste lo funde con nuestra existencia efectiva. Esta exquisita distinción entre pretérito y actualidad hace que nos sea imposible colocarnos ante el cuadro de un viejo museo, *en serio*, como ante un cuadro, sin más. El cuadro de Tiziano no es nuestro, sino de los hombres de su tiempo, y nosotros sólo podemos gozar de él en perspectiva histórica, como un fantasma deleitable de ultratumba, como un *revenant*. Pero si alguien nos propone que lo contemplemos como actualidad, el cuadro clásico no nos puede interesar o nos interesa tan poco, con tal desproporción a su fama, que más vale, por piedad, no hablar de ello.

Es, pues, frívolo e ininteligente censurar a los nuevos artistas por su secesión de los clásicos, de la tradición artística y afanarse por ser originales. Al intentarlo no hacen sino aceptar el imperativo de nuestro tiempo, que obliga a separar con toda pureza el ayer del hoy. Así se explica, creo yo, que coexista un gran amor al pasado cuando se presenta como tal, en su virtual dimensión de inexistente y un asco al pasado cuando pretende prolongar fraudulentamente su gravitación sobre la actualidad. Ese pasado, que se obstina en no pasar y aspira a suplantar el hoy, merece, en efecto, asco; es un viejo verde. El lema inevitable es el de los soldados de Cromwell: *Vestigia nulla retrorsum*, ninguna huella hacia atrás.

Pero sería el cuento de nunca acabar, amigo Encina, insistir sobre los temas que tantas veces ha insinuado usted en sus escritos. Comprensivo del pasado ha sido usted fiel al presente y su ruda batalla. La Exposición de Artistas Ibéricos que, con tan largo gesto peninsular, se ha iniciado ahora, debe ser para usted un hecho corroborador que le invita a proseguir su tarea. Ha ampliado usted los usos críticos de nuestro país aportando su información europea de visiones y de ideas. Yo creo que son razones sobradas para que le hayamos a usted infligido este banquete, amigo Juan de la Encina.

1925

221

[La verdad no es sencilla]

Los organizadores de esta Exposición han querido que, con motivo de su clausura, dijese yo unas palabras de despedida e hiciese cortesía a los artistas que desde Cataluña han enviado sus lienzos a Madrid. No entiendo muy bien por qué he de ser yo el encargado de hacer mesura a unos pintores siendo uno de los hombres que menos conexiones tiene con el arte pictórico del cual, por un curioso retroceso, cada día entiendo menos. El caso es que he aceptado la invitación movido, acaso, por una privada simpatía hacia Cataluña que a la hora de nacer yo me envió un apellido mediterráneo, dejándome para siempre sobornado –o tal vez por el hecho simplicísimo de que al hombre le es más fácil decir «sí» que decir «no», al revés que a la mujer. Para decir «no» con algún decoro tenemos que fatigarnos en dar razones. La mujer, en cambio, se cree obligada a exponerlas precisamente cuando va a otorgar su benevolencia.

Hasta en detalle como éste los sexos se oponen y complementan.

La Exposición de Artistas Catalanes a que hemos asistido estos días no pretendía reunir ejemplos de toda la pintura que hoy se produce en Cataluña sino tan sólo de las maneras más recientes. Es una Exposición del Arte nuevo o si este nombre disgusta, del arte de los jóvenes. Ahora bien, esto le proporciona cierto carácter dramático y como peligroso que no suelen tener las exhibiciones de estilos más antiguos. Una exposición de arte joven es exposición en el doble sentido de la palabra. El joven que expone se expone. El público y buena parte de la crítica adoptan ante él una actitud insólita: le enseñan los dientes, prestos no se sabe bien si al mordisco o la carcajada. Su obra no parece simplemente una obra mala sino un crimen o una demencia. Con un raro apasionamiento, como si se tratase de una traición a los principios en que se funda la sociedad, se encrespan en torno al lienzo mudo los odios e iracundias, gritan las gargantas y, como un dardo, pasa silbando el insulto.

A toda persona mesurada ha de parecer sospechosa semejante actitud. Sospechamos de todo el que en arte grita y se pone frenético. Como decía Leonardo *dove si grida non è vera scienza.*

¿Por qué no contentarse ante las nuevas obras de arte con decir que no gustan? Por una razón muy sencilla, por una razón que toca a la esencia misma de estos estilos juveniles. Hay dos maneras de no gustarnos un cuadro: una de ellas consiste en que después de contemplarlo, de penetrar todo su contenido, de tomar íntegramente posesión espiritual de su sentido, nos parece el cuadro malo y nos damos cuenta clara de por qué es malo. Entonces lo repudiamos: pero antes lo habíamos dominado, quedamos encima de la obra y, por tanto, tranquilos. Pero, en otras ocasiones, el cuadro no nos gusta sencillamente porque no lo entendemos, no conseguimos penetrar su sentido –queda la obra fuera de nosotros, indomada, forastera, invicta– queda encima de nosotros humillándonos. Nuestro juicio negativo no tiene base ni evidencia: no sabemos por qué la obra es mala y al llamarla así lo que hacemos es defendernos de ella, irritados. El juicio más que juicio se vuelve insulto y el vacío que en él deja la razón se llena de pasión. Esto es lo que acontece a muchas personas con la pintura y la poesía que fabrican las nuevas generaciones: si no les gusta no es simplemente porque no les gusta sino porque no la entienden.

¿A qué hablar, pues, de otras cuestiones referentes al arte más reciente cuando en el umbral hallamos este hecho tan previo, tan grueso y tan palmario, de que no se le entiende?

El hecho es demasiado escandaloso: por un lado la casi totalidad de los artistas nuevos en todo el mundo dedican sus energías, consagran su vida a elaborar cuadros y poemas que la gente no entiende; por otro lado, la gente –y no cualquiera– sino la que se preocupa de acudir a las exposiciones y de leer libros nota que no entiende.

Y, ante todo, ¿qué es esto de que no se entienda una obra de arte? ¿Por ventura que al pasar veloces tangenteando un lienzo pintado brinque sobre nosotros y nos entregue su secreto? Hay, sin duda, cuadros con los cuales esto acontece pero nadie verá en ello un síntoma forzoso de perfección. Otros cuadros del arte antiguo nos exigen algo más: para complacernos en ellos necesitamos mirarlos despacio, verlos muy bien. El pintor romántico Feuerbach decía que para ver bien un cuadro hacen falta muchas cosas y la primera... una silla y sentarse ante él. Existe, pues, un más y un menos de facilidad en la comprensión de una obra de arte que no afecta para nada a su valor. Esa facilidad depende unas veces del cuadro pero otras de nosotros: no nos hallábamos en estado de gracia para recibir la gracia de la obra o no hemos puesto el esfuerzo necesario. ¡Bueno fuera que toda producción artística estuviese obligada a nivelarse con nuestras horas más torpes!

Parece natural que, en vez de exigir a la belleza que descienda hasta nosotros, le hagamos nosotros la finura de aspirar hacia ella.

Es, pues, un error considerar la facilidad como un atributo esencial del arte egregio: es tan falso como el viejo lema *simplex vigilium veri*: la verdad es sencilla. Precisamente las verdades más ejemplares que son las de la matemática superior son de atroz complicación.

¿Cómo se explica, pues, que nos sorprendamos porque haya un arte difícil de entender? Porque estamos mal acostumbrados: venimos de un siglo que se ha caracterizado en todo por el triunfo de la popularidad. El arte del siglo XIX ha sido uno de los más fáciles de todos los tiempos: tal vez porque en él se buscó el nivel humano más bajo, el piso inferior que todos tenemos común. Y un error de perspectiva nos ha hecho creer que siempre el buen arte fue tan obvio y trivial y asequible como el de la última centuria. Mas la verdad es lo contrario: el arte ha solido ser siempre difícil y ha exigido sacrificios y esfuerzos y humildad a quien ha querido gozarlo.

Y no se diga que el arte difícil y distante es propio de las decadencias. Esto es una bobada. La poesía europea comienza con *La Ilíada*. Pues bien, ¿se cree que el pueblo de Atenas entendió nunca sin enormes dificultades el ilustre poema? Tan no lo entendía fácilmente que ni siquiera entendía el idioma en que estaba compuesto, y que no era el ático. Pero se me dirá que al menos el pueblo en cuyo idioma se compuso la *Ilíada* lo entendería fácilmente. Y yo responderé: que el idioma de la *Ilíada* no lo ha hablado nunca pueblo alguno, sino que era –nótese bien– un lenguaje inventado por los poetas épicos de Jonia. Díganme ustedes qué denuestos no caerían hoy sobre un poeta que se distanciase del público hasta el punto de inventar para sí y sus afines un idioma privado en el cual tallar su poesía.

No soy yo quién para sentenciar –ni creo que sentencias tales importen mucho– si los nuevos gestos de arte son acertados o torpes, pero lo que me parece evidente es que hay obligación de entenderlos. Durante mucho tiempo ha adulado la crítica al público haciéndole creer que frente al arte tenía todos los derechos y ninguna obligación, con lo que sólo se ha logrado rebajar su aptitud para degustar toda belleza inesperada. No comprendo cómo el que va a una exposición se complace en hallar allí cuadros parecidos a los que innumerables veces ha visto ya y no exige más bien que las paredes le propongan costas intactas de continentes recién nacidos. ¿Puede tener el arte más alta misión en la vida que ésta de permitirnos una evasión virtual de lo cotidiano, de lo que ya somos y ya sabemos? Tal vez lo que vale más en el hombre es el instinto de exploración: ese afán de fuga que le lleva a escapar de sí mismo, esa oscura inquietud que le acomete de pájaro emigrante atraído por toda palpitación de horizontes. Alguien ha dicho que vivir es querer vivir más, apetito de ampliación, un descontento difuso y sin tristeza, diario descontento que es como un amor sin amado y un como dolor que sentimos en miembros que no tenemos.

Procuremos excitar en las almas vecinas estos impulsos migratorios. Goethe decía que quien quiera entender al poeta debe trasladarse a la tierra del poeta. La recomendación es más aguda de lo que a primera vista parece y vale para todas las artes.

Adviértase que lo que vemos de un cuadro u oímos de un poema no es todo el cuadro ni el poema íntegro. Del mismo modo lo que vemos de una montaña es sólo la porción que se eleva sobre el nivel de horizonte: la tierra que queda bajo éste y que levanta sobre su palma a la serranía queda oculta, no contamos con ella precisamente porque nos lleva juntos a nosotros y al paisaje.

Pues bien: no hay ningún cuadro pintado en absoluto. Todo cuadro está pintado partiendo de ciertos supuestos, propósitos, preferencias y convenciones que, por lo mismo, quedan fuera de él como el bastidor, el marco y el lienzo mismo.

Las razones para que ello sea así son muchas y una, sobre todo, muy clara: el número de calidades bellas, de valores estéticos que existen es literalmente infinito. Pero cada obra de arte sólo puede realizar algunos y es forzoso que cada época, cada grupo de artistas, cada artista singular seleccione de esa riqueza innumerable un pequeño repertorio de delicias para instalarlas en su obra.

En la quietud reside una gracia intransferible, pero también posee la suya el movimiento. Al crear es preciso decidirse por la una o la otra y hacer un arte estático o un arte dinámico. Esta decisión se verifica oscuramente, indeliberadamente en el ánimo del artista. Si habituados a un estilo de dinamismo llegamos ante un cuadro de quietud, tenderemos a buscar en él el movimiento que no tiene y al notar su ausencia sentiremos una impresión de fracaso. Sólo el azar o la palabra certera de alguien nos pondrá en la pista de la gracia diferente que aquel cuadro persigue. Entonces, al haber acertado con el supuesto que lo inspira lo habremos entendido. Cada estilo es no más que un sistema de ocultas preferencias y a él tenemos que descender, a esa trastierra necesitamos emigrar si queremos entender la obra de arte. No hay duda: cada estilo tiene su contraseña, su secreto. Cuando estamos en él, el secreto es a voces y no nos lo parece. Pero toda innovación de arte comienza por ser el secreto de pocos que sólo con el tiempo se propaga y aventa hasta hacerse trivial. A mi juicio el papel de la crítica debía ser éste: revelar el sistema de preferencias que actúa en el subsuelo de todo nuevo estilo.

Lo otro, juzgar si es mejor o peor una obra, podía excusarse: no juez sino intermediario. El crítico debe preparar la mirada del espectador para la obra del autor. Salvas ciertas nobles excepciones yo echo de menos este uso en la crítica española y a ello se debe en buena parte la escandalosa incomprensión del arte nuevo.

Si el propósito y la ocasión de dirigir ahora a ustedes la palabra no fuesen puramente ornamentales y reducidos a poner algún decoro afectuoso en la despedida a estos pintores de Cataluña, sería éste el momento de ensayar la definición de los nuevos estilos, excavando bajo las obras jóvenes para hallar su latente sistema de preferencias. Pero me he prometido resbalar sobre toda materia que exija largo desarrollo y además me expondría seguramente, como ya me ha ocurrido, a que al definir a unos artistas éstos no se reconociesen en mi definición.

Con esto llegamos a una cuestión inversa de la anterior. Si el espectador y el crítico no entienden a veces la obra del artista, ocurre otras que el artista no entiende la definición que de él da el crítico. En muchas ocasiones podrá tener razón pero no es forzoso que la tenga. Hay una cosa que parecerá una avilantez pero que dicha con un gramo de sal es perfectamente cierta. El artista cree que entiende su obra mejor que nadie y esto no es verdad. La creación artística es, en lo que tiene de tal, una misteriosa labor inconsciente. El pintor da cuadros como el manzano manzanas. Generalmente el artista entiende muy poco de arte en general y, en consecuencia del suyo en particular. Entiende, claro está, de la técnica de su oficio pero la técnica del arte no es el arte y además de esa técnica entiende él solo prácticamente. Mejor que la entiende fuera decir que la sabe. La definición de un estilo es una faena analítica, que exige gran rigor de conceptos e implica una técnica especial nada pareja a la de los pinceles. Entender de pintura no es saber pintar es saber otra porción de cosas. El manzano no entiende la botánica. Quede dicha esta avilantez sin ánimo –naturalmente– de que la acepten los pintores, los cuales no advierten que el buen aficionado a estética suele sufrir y callar mucho cuando los oye hablar de su arte.

El artista suele desconocerse a sí mismo y casi nunca penetra en la bodega mágica donde fermenta su inspiración. También en él ignora a menudo sus propios supuestos. Esta doctrina según la cual la obra de arte emerge de un subsuelo de convenciones secretas, de recónditas preferencias no puede extrañar. Todo lo viviente procede de igual modo. Cada hombre, cada mujer que encontramos vive, en definitiva, de ciertos apetitos radicales, de ciertas profundas predilecciones, tan básicas para él que ni siquiera repara en ellas pues son para él la existencia misma. Si buscáis en el prójimo hallaréis siempre un último resorte del cual depende todo su vital mecanismo, un deseo, una ambición, un entusiasmo, un odio que centra su persona, algo a que tiene puesta toda su vida: cuanto hace y piensa lo hace movido en última instancia por aquel muelle enérgico que da tensión a todo su destino. Y son pocos los capaces de descender a ese subterráneo de sí mismos y ver claramente el latido de ese primario afán, del cual brota entera su biografía. Salvo en las orquídeas, hijas del aire, la raíz es siempre subterránea.

Y aquí tienen ustedes una razón más para que atendamos a estas exposiciones de arte joven. Tomando el hecho en conjunto es indudable que a un nuevo estilo artístico corresponde un distinto resorte vital. Si acertamos a ver con claridad en aquél podremos verosímilmente descubrir la nueva manera de sentir la vida que traen las generaciones recién llegadas. Y bien merece la pena que lo hagamos porque llega en Europa una terrible sazón, un tiempo de crisis profunda en la cual toda perspicacia será poca. Y si el arte de estos jóvenes es problemático bien se puede apostar que la vida toda de Europa va a anegarse en problematismo.

Es menester que todo el mundo esté alerta porque todo, todo va a ser puesto en cuestión –en arte, como en ciencia, como en política. Pero esto en lugar de entristecernos debe incitarnos pues indica que hoy la vida revienta las viejas estructuras anquilosadas –se rezuma y derrama libre hacia nuevas organizaciones, sobre todo en España, raza menos cansada, con menos vicios, menos exhausta –tal vez por su vagancia de dos siglos– empiezan a ser posibles las cosas mejores. Mas para ello es preciso que la península entera esté dispuesta a rendir su máxima energía, que logre estar *en forma* como dicen los deportistas. Conviene que todas las variedades peninsulares entren en actividad y en erupción: catalanes y astures, castellanos, andaluces y vascos, que haya entre ellos vivaces canjes y corrientes, confluencias y combates. De todos necesitamos en la gran obra que es preciso hacer ante el mundo; sea dicho con fervor pero sin vano patriotismo: la gran obra consiste en labrar la nueva alegría española.